太愛玩，

冰島

新手也能

自駕遊冰島，
超省錢的旅行攻略

CONTENTS
目錄

Chapter
1
前進冰島

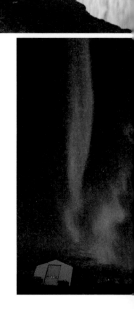

Chapter **2**

必學技能、必玩景點

Chapter 3

北上環遊冰島

Chapter 4

南下順遊冰島

本書使用說明

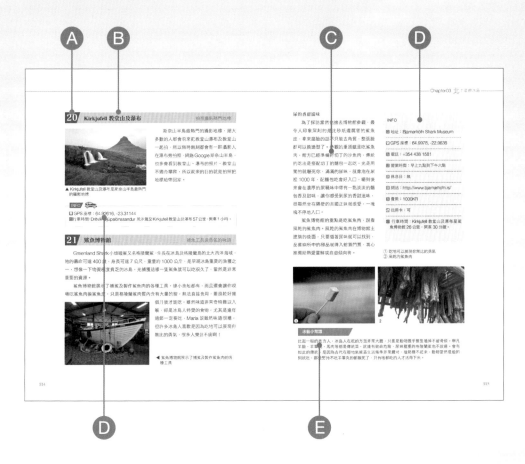

A：地圖編號，供對照地圖編號，明確知道方位。

B：景點名稱、店家名稱。

C：景點或店家特色介紹。

D：景點或店家的基本資訊，如：GPS 座標、地址、電話、營業時間、休息日、網站、是否可刷卡等等。

E：冰島小常識，讓你不只玩更長知識。

TIPS

1. INFO 圖示說明：⌂ 地址、⊙ GPS 座標、⊕ 行車時間、☎ 電話、⊙ 營業時間、▣ 休息日、▣ 網站、⊚ 網路、⑤ 費用、▣ 信用卡、▣ 訂位、▣ 早餐、▣ 房型。

2. 本書所有店家資訊，皆為採訪當時資訊，實際資料以當地店家提供為主。

Chapter01

前進 冰島

遊玩歐洲消費最昂貴的國家之一——冰島，花費絕對不會是你想像中的 10 幾
20 萬，尤其最近這 2、3 年來飛歐洲的機票價格屢屢創新低，以前動輒要價 3、
4 萬元的歐洲機票，現在便宜的甚至 2 萬塊不到就有了。

出門必知大小事、交通安排、行程規畫，
讓你第一次玩冰島就得心應手

搶到便宜的機票後，接下來就是安排住宿、交通及吃喝玩樂。住宿方面如果有
4、5 個人以上一起同行，一個人一晚 1,200 元台幣的預算也可以有不錯的選擇；
交通方面 4 ～ 7 個人一起租車，一天大概是 800 元的預算；餐飲及玩樂費用，
自己煮加上少量的外食，再參加 1、2 樣必玩的行程，一天 1,000 元的預算也足
以應付，所以用一天 3,000 元來計算，到冰島玩 15 天，45,000 就差不多夠用了。

認識冰島

出發前一定要知道的大小事

氣候

　　同樣位於北半球的冰島跟台灣春、夏、秋、冬對應的月份原則上差不多，只是冰島的冬季長達 5 個月，春季與秋季都各只有 2 個月。

　　春天（4～5月）：首都氣溫約 0～10 度，月平均下雨天數約 12 天。

　　對冰島人來說，4～5 月是冰封了一整個冬天後終於到了可以出門的日子，此時遊客還沒那麼多，住宿、租車相對便宜些，南部因為冰雪已經融化自駕沒有問題，但是北部及東部可能因為部分路段仍有積雪而具有危險性。

　　夏天（6～8月）：首都氣溫約 5～15 度，月平均下雨天數約 11 天。

　　百花齊放大肆慶祝的日子，下雨的天數相對少一些，也是冰島旅遊旺季，所有的公路都可以通行，住宿、租車價格最貴，但日照時間長，可以遊玩的時間也跟著拉長。

秋天（9～10月）：首都氣溫約5～10度，10月從北部開始下雪，月平均下雨天數約13天。

觀光客開始減少，租車、住宿開始降價，樹葉開始變色，路上可以看到繽紛的色彩，但風力會增強，下雨的機率也會增加。我2016及2017年的2趟旅行都選擇秋天，2016旅程中下雨天數沒有很多，2017就幾乎有超過一半以上的時間都遇到下雨，只能説全球氣候變遷吧。

冬天（11～3月）：首都氣溫約-5～5度，整個島都有積雪。

冬季氣溫沒有很低，但來自北極的寒風會讓天氣變得極糟，飛機停飛、道路封閉是常發生的事，這時候很不適合自駕，也因道路封閉而無法環島，不過冬季住宿與租車價格便宜，且還有非常高的機會看到極光，純粹想看極光的人可以考慮。

① 秋天的樹葉色彩繽紛　② 夏天是百花齊放的季節

歷史

冰島原是座無人煙的荒島，一開始會有歐洲人前來冰島過冬，直到西元874年才有維京人前來永久定居。到了1262年，冰島成了挪威的一部分，接著到了1814年又成為丹麥的一部分，直到1918年冰島宣布獨立，1944年成立共和國。

行前資訊補給站

時差、電壓與簽證

　　冰島的時間比台灣晚 8 小時；電壓是 220V（伏特），使用雙腳圓形插座，記得檢查你的萬用插座組，有沒有這樣的插頭；簽證部分，冰島為申根公約國，持台灣護照入境冰島免簽證。

網路

　　由於地廣人稀加上物價非常昂貴，冰島公共區域很難找到免費的 WIFI，如果想要有網路的話，就得在台灣買歐洲用的手機上網 SIM 卡（可上奇摩或露天拍賣尋找），或者到冰島後前往販賣手機的商店，購買可以上網的 SIM 卡（要提供護照資料）。由於手機商店要到大城市才有，而且店面很少，旅行時間很緊迫的話，還是建議在台灣買就好。另外即使有手機上網 SIM 卡，冰島很多地方還是沒有訊號，畢竟人口真的太少，荒郊野外沒有訊號也是正常的。

行李整理

　　即使是夏天，冰島的氣溫也很少超過 15 度，所以行李箱內建議要有發熱衣及防風外套，其他的衣物就要看你的抗冷能力，但是即使在寒冷的冬天，氣溫也很少低於零下十幾度，風比較大而已，所以防風相關衣物帶著就對了；除了衣服，行李箱內其他的空間就是塞食物了，塞得越多在冰島就吃得越開心；建議衣服放進行李箱時可像捲紙一樣，把衣服壓緊捲成圓筒狀塞進行李箱，可以多出不少空間利用。

醫療資訊

　　來到歐美國家，醫療費用絕對都是非常驚人，所以出國前一定要先保旅遊醫療險。由於冰島地廣人稀，離開首都後就很難找得到大醫院，甚至一些人口稀少的小鎮也很難找得到診所。建議自己帶一些簡單藥品，若真的有需要跑醫院，就請教住宿業者，或者是冰島當地人，他們都會非常樂意提供協助。

貨幣與匯率

　　冰島的貨幣是冰島克朗 KR，與台幣的匯率大約是 1 塊錢台幣換 4 塊冰島克朗。克朗硬幣的面值有 1、5、10、50、100，紙幣面值有 500、1,000、2,000、5,000 及10,000。

貨幣兌換中心

　　機場的入境大廳有銀行可以換匯，離開首都 Reykjavík 雷克雅維克後，較難找到銀行，所以建議直接先在機場銀行兌換。

冰島使用的語言，英文是否為共通語言

　　冰島的官方語言是冰島語，有著悠久的歷史內涵，不過冰島人也多半會說英語，因此到冰島當地旅遊，也可以用英文與當地人或店家溝通的。

訂房情報推薦

　　歐洲的訂房比較推薦使用 booking.com 訂房網站，選擇多、使用方便、價格不錯。

KEF 機場到 Reykjavík 雷克雅維克市區交通

巴士往返都方便，多人租車較划算

從冰島的凱夫拉維克國際機場（簡稱 KEF）前往首都 Reykjavík 雷克雅維克，如果人數多，租車是最好的選擇；若是一個人租車不划算，或是想先進首都玩幾天後再租車，那就得搭巴士或計程車進市區；搭計程車從機場到市區單趟大約是 16,000 ～ 19,000KR，換算成台幣大約 4,500 ～ 5,500 元，大概只有趕著要從市區到機場又錯過巴士的人，才會花這種昂貴的計程車費吧！不過即使是搭巴士，車資也貴得嚇人就是了。

機場巴士可直達飯店

往來機場與首都 Reykjavík 雷克雅維克間主要有 2 家巴士公司分別是 Flybus 與 Airport Express ╱ Gray Line，2 家公司提供的服務都差不多，車上都有免費無線網路；車程大約都是 45 分鐘；可以選擇直接搭到住宿旅館，也可以選擇搭到 Reykjavík 市區

的 BSI 車站。無論是選擇到市區巴士站或者是到旅館，一律先在機場搭乘同一輛巴士，抵達市區的巴士站後，他們會再分配要前往旅館的旅客轉搭小巴士。

2 家公司在機場都有專屬服務櫃台，可以到機場後再買票，也可以上網預約，不過上網預訂沒有比較便宜，且車班很多，一般來說，就算沒預訂也搭得到車。

不需要擔心飛機誤點，因為巴士公司幾乎都會等旅客，只要有班機抵達冰島就有巴士可以搭，通常會在飛機抵達 35 ～ 40 分鐘後發車，如果提早坐滿就提早發車，但是後面馬上會有空車遞補，所以都會有位置坐。

搭巴士從飯店到機場

從 Reykjavík 到機場，可以請巴士公司直接到下榻的旅館接你，也可以從 BSI 車站或 Gray Lin 巴士車站上車。

從 Reykjavík 到 KEF 國際機場都會有固定班次，Flybus 從凌晨 3 點開始一直到下午 4:30，幾乎每半小時一班；晚上 6 點開始則為每 2 個小時一班，最晚到 10 點。 而 Airport Express 也是從凌晨 3 點開始，幾乎每半小時一班至下午 6:30；晚上則是 8 點、10 點半各一班。 詳細班次建議查詢各巴士官網最準確。

① Flybus 機場櫃檯 ② Reykjavík 雷克雅維克市區的 BSI 車站 ③ 抵達市區後轉搭的小巴士
④ 機場內跟著 Scheduled Bus 指標走就可以找到巴士

Flybus

　　以上巴士公司會要求旅客在預定搭車時間前 30 分鐘就要在旅館門口等，因為他們還要派車到旅客的旅館接客，例如：搭早上 4 點的車子，3 點 30 分就要在旅館門口等車，不少人沒有注意這規定而錯失巴士，結果得花將近台幣 5,000 搭計程車去機場。

▲機場巴士內部座位

INFO

Flybus
🌐 https://www.re.is/flybus/
💲 直達飯店：單程 3,999KR、來回 6,999KR
　 BSI 車站：單程 2,999 KR、來回 5,499 KR

Airport Express
🌐 https://grayline.is/airport-transfer/
🌐 **班次查詢網站**：grayline.is/tours/reykjavik/reykjavik-to-keflavik-airport-with-hotel-pick
　 -up-8706_77/
💲 直達飯店：單程約 3,500KR
　 Gray Lin 車站：約 2,400 KR

＊以上巴士票價為 16 歲以上適用，12 ～ 15 歲半價，11 歲以下免費搭乘
＊冰島克朗：新台幣匯率為 1：0.247

① 機場入境大廳正前方就有巴士售票櫃台
② 一個人旅行搭巴士會比較便宜
③ 雷克雅維克市區的 BSI 車站售票櫃台

冰島小常識

那到底要搭車或租車？如果覺得租車的費用高，選擇不在機場租車，而是先到市區隔天再取車，以為可省下一天的租車費，但仔細算一下搭巴士往來機場與市區的費用，巴士票單程每人 1,000 元台幣左右，如果是 3 個人租一台車，少租一天的車卻要多花至少 1 趟的巴士費用，3 個人也就是 3,000 台幣，價錢跟租車差不多了。

個人認為，如果搭巴士跟多租一天車的價錢差不多，建議租車會比較方便，因為有車就可以到處跑，行程會很有彈性。以我的親身經驗，2016 年去冰島從下飛機就租車，一直到上飛機前才還車，最後一個晚上我們還去追極光，欣賞了超級精采的極光秀；而 2017 年則在搭機前一天就把車給還了，不要說看極光，連去超市買東西都沒辦法，真的很不方便。

旅人不藏私省錢法 · 交通攻略篇

租車、加油一天只要 800 元

自駕是最推薦的冰島旅遊方式，尤其在冬天很多路線巴士停駛，要到首都外的景點只能參團或租車，2 個人以上同遊的話，會發現租車會比參團便宜；更重要的是，租車才能有最大的行程彈性，畢竟冰島有太多美景，路上隨意停下來讚嘆、拍照是一定要的，甚至有車你才能每晚外出追極光啊！

依需求選擇合適的租車公司

租車公司的選擇很多，個人覺得租車公司間的服務品質差異沒有太大，如果你想要省錢且不要求要有租車櫃台，就可以找冰島在地的租車公司就好。如果一定要在機場大廳的租車公司櫃檯辦理，那就只能選 Avis、Budget、Europcar、Hertz 等國際連鎖租車公司，他們雖然費用較高，但好處是方便、車況新。

在地較沒有規模大、大家普遍推薦的租車公司；小規模的租車公司則非常多，網路

上隨便搜尋關鍵字：「Car rental in Iceland」都有一堆選擇，例如 Blue Car Rental、Go Car Rental、Icerental 4x4、Lagoon Car Rental、Northern Lights Car Rental、Route 1 Car Rental 等。

　　選擇租車公司除了價錢上的考量外，評價也是個參考指標之一；找尋租車公司評價，只要上 Google 輸入租車公司名稱，搜尋結果就會有該公司的 Google 評價、Guide to Iceland 評價與 Facebook 評價，一般來說評價的人數愈多會愈客觀、可信，基本上將想選擇的租車公司評價及租車價格列出來後，就可以決定向哪間公司租車了。

①② 自駕是最推薦的冰島旅遊方式 ③ 國際連鎖租車公司在機場內有服務櫃台 ④ 冰島租車公司眾多

INFO

Avis	🌐 https://www.avis.is/en/
Budget	🌐 https://www.budget.is/
Europcar	🌐 https://www.europcar.is/
Hertz	🌐 https://www.hertz.is/
Blue Car Rental	🌐 https://www.bluecarrental.is/
Go Car Rental	🌐 https://www.gocarrental.is/
Icerental 4x4	🌐 https://icerental4x4.is/
Lagoon Car Rental	🌐 https://lagooncarrental.is/
Northern Lights Car Rental	🌐 https://www.northernlightscarrental.com/：
Route 1 Car Rental	🌐 https://www.route1carrental.is/

Guide to Iceland 網站 租車比價省更多

　　Guide to Iceland 是一個媒介旅遊行程及租車的網站，它的租車服務會列出許多有簽約的租車公司價格供使用者做比較、選擇，而且每家租車公司都還有評價可以參考。這網站最大的好處除了可以直接比價找便宜外，就是他們有中文服務人員，可以直接以中文聯絡，甚至在 Reykjavík 的辦公室就有中文店員可以溝通。

　　我曾經參加過他們的攀爬冰河旅行團及租車，爬冰河的部分因為天氣因素取消，打電話去 Guide to Iceland 找中文人員告知要延期，他們請我直接打電話給負責出團的公司詢問；另一次透過 Guide to Iceland 租車，拿車當天因出租車輛的公司找不到我的訂單資料，導致到半夜 12 點仍然沒拿到車輛；隔天到 Guide to Iceland 辦公室詢問，最後查出是出租車輛公司內部訂單錯誤，於是 Guide to Iceland 還是希望我們到租車公司處理後續，行程耽誤整整一天才拿到車。

　　像這樣的媒介網站雖然有實體辦公室，但行程若有變更或者出差錯時，他們會以「消費者直接跟出團或出租車輛的公司聯絡比較快速」的理由，建議你自己跟相關公司接洽。感覺上購買行程前的諮詢服務做得很好，售後的協調服務就沒有那麼好了。許多消費者因為考量他們有中文網站及服務人員，而選擇向他們購買，所以在此提出自己的經驗供讀者參考。

INFO

Guide to Iceland 　　　🌐 https://guidetoiceland.is/

租露營車在冰島也頗受歡迎 ▼

依乘車人數與行李數量選擇適當車型

車輛的選擇得依據乘車人數及行李數決定適當的車型，像我 7 個人帶 7 件行李，但選 7 人座的車會沒空間放行李，後來選擇空間寬敞的 9 人座，不僅可以坐到 9 人，還能再放進 8 件大行李。另外還有一次是 5 個人合租一台休旅車，特別選了大台的 5 人座 Toyota Cruiser 休旅車，並且要求團員行李箱不能帶太大，最後 5 個人加上 2 個 28 吋行李箱，以及 2 個 24 吋行李箱，只能很勉強地塞進去這台大車內。

許多租車公司也有提供車頂行李箱租用，箱體比較適合放軟的大背包，約 3 個就滿了。由於車頂行李箱本身不是方正的矩形，大概 2 個硬的大行李箱放進去可能就塞不下了，再加上車頂行李廂的租金昂貴，如果行李箱不能減量，也許在租用車頂行李箱與大一號車輛時還是得斟酌考量一下。

▲ 9 人座廂型車空間超大

▲ 9 人座廂型車能放 8 件大行李沒問題

▲ Toyota Cruiser 休旅車是 5 人座中空間最大

▲ 4 人小車行李只能放 1 件

▲ 許多租車公司提供車頂行李箱租用

選擇手排車與柴油車 安全駕駛又省油

一般來說，手排車（Manual）會比自排車（Automatic）省油，因為環島旅行一圈里程數高達 2,000 公里以上，加上汽油費用又是歐洲數一數二昂貴，站在省錢的角度而言，開手排車比較好；而且冰島車少、紅綠燈少、路好開，比較不需要常常變換檔位，所以只要會開手排車，即使不太熟悉也不用過於擔心。

柴油車比較有力，柴油（Disel）每公升也比無鉛汽油（Bensin）便宜約台幣 2 元，所以租車通常都會建議選擇柴油車，可以多少省些加油錢。另外如果你有 2 個人以上要輪流開車，那就必須在租車選單內增加駕駛人數，這樣就會多一筆費用，建議要誠實申報。

① 手排車比較省油 ② 柴油比汽油便宜一些

善用 GPS 導航 自駕沒煩惱

　　汽車導航是一定需要，若租車天數少，也許直接跟租車公司租用 GPS 就好（一天約新台幣 350 元）。但租車超過 10 天以上，建議在台灣的 Yahoo 拍賣找最新冰島圖資的導航機出租（一天約新台幣 70 元），價格比租車公司便宜很多，而且還有中文語音導航。只是在台灣租用要先付押金與租金，整個旅遊期間都算租期，回國後還要將機子寄回去才能退押金，手續比較繁雜一些，所以旅遊天數多一點才會比較值得。

　　另外，也有人使用 Google Map 搭配當地的 4G 網路當導航機，我的經驗是 Google Map 部分地區路線怪異，尤其是離開大都市後有時會走一些捷徑，但是郊區的捷徑通常路況會很差，開起來心情也差。無論使用哪種導航，出發前都要把各景點的 GPS 座標查好，直接在導航機上輸入座標位置最方便。本書每個景點都有附上經緯度座標，直接選擇導航機上的經緯度輸入選項，按書上數字輸入即可。

　　是否租用四輪驅動車（4WD）也是許多人的問題，除非是下雪或者要開車進入 F 開頭的路段（中央高地區域），大部分的行程不會有機會進到 F 開頭的路段，所以春末到初秋這段期間前往冰島旅行的話，雙輪驅動的車子就夠用了。

① 導航機必備　② 四輪驅動車只有下雪或者是 F 開頭的路段才真正需要

租車的保險項目一定要懂

　　嚴苛的天然環境及昂貴物價讓我強烈建議你租車一定要保險，車輛隨便一點損傷的修理費都很昂貴。冰島的車險價位相當高，而且每家租車公司相同的保險項目卻有不同的保費，重點就在「出險」（申請理賠）時的自付額高低，一定要確確實實搞清楚每樣保險的內容及自付額。有些公司租車便宜但是車險貴，租車時一定要把車險金額加入整體租車費用評估。以下介紹租車所需要認識的保險種類：

◎ **CDW（Collision Damage Waiver ）碰撞損害保險**

發生碰撞損害時，超過一定自付額以上的金額就由保險理賠，自付額一般為350,000KR（約新台幣9萬元），也就是說發生碰撞事故，如果維修費是台幣10萬，有這項保險的話，你自付9萬維修費，剩下的1萬元由保險公司出。CDW保險通常隨車附贈，但是每間租車公司的自付額不同，自付額高的，租車價格就便宜，一定要特別注意。

◎ **SCDW （Super Collision Damage Waiver）強化碰撞損害保險**

降低前項CDW的自付額保險，有些租車公司有零自付額的SCDW，有些則是90,000KR左右（約新台幣23,021元）的自付額，甚至雙輪驅動車輛與四輪驅車輛的自負額還不一樣，所以要特別注意SCDW自付額規定，千萬別以為買了這保險就不用擔心事故發生了。

◎ **ZEDW（Zero Excess Damage Waiver）零自付額碰撞損害保險**

有些公司提供這項保險，發生碰撞事故時完全沒有自付額，但你也可以想像這項保險的費用非常高。

◎ **TP（Theft Protection）竊盜險**

冰島治安超好，建議不需要保。

冰島開車發生損傷的維修費驚人 ▼

▲ 被噴起的砂石刮傷的鈑金

◎ **GP（Gravel Protection）礫石保險**

　　因其他車輛彈起的石頭造成車子的擋風玻璃、車頭燈或車體外觀損傷由保險給付（沒有自付額）。冰島石頭路面多，路面碎石彈起打到車身是難免的，我就真的曾經被彈跳的礫石打凹板金過，還好有保險才不用賠。

◎ **SAAP（Sand and Ash Protection）沙塵險**

　　冰島在 2、3、4 月南部地區會有沙塵暴發生，甚至火山噴發時也有同樣的問題，這些強烈的沙塵暴會造成車窗、車燈、烤漆、塑料的損害，有了沙塵險就可以比較安心。有些租車公司有零自付額的 SAAP，有些則是 90,000KR 左右（約新台幣 23,021 元）的自付額，如果你是 2、3、4 月會前往冰島南部，最好把沙塵險納入考量。

　　選擇租車公司時，一定要看清楚各公司的保險規定，也許便宜的租車就是來自於比較高的保險自付額，如果你可以忍受比較高的自付額，就可以選擇租金便宜的租車公司；有些租車公司雖然車子貴，但是保險的自付額都很低，也許最後加上保險後的總價還比較便宜，想要花錢買安心的人就可以考慮。

旅人不藏私省錢法・
住宿攻略篇

一晚 1,200 元就能住舒適旅居

別懷疑，就算是前往全歐洲最昂貴的國家旅行，你還是可以每人一個晚上花 1,200 元就住到乾淨舒適的房間了。冰島旅遊型態是每天早上出門，晚上才回去住宿，有時甚至為了看極光，匆匆忙忙洗澡、吃完飯後又開車衝出旅館追極光，住宿常常只是為了能有個溫暖舒適的地方睡一晚。

考慮到冰島消費昂貴的因素，大部分自助旅行者都會選擇相對便宜的旅館或民宿，便宜旅館的房間通常變化不大，不同的旅館房間擺設也都會差不多，通常都是 2 張單人床或一張雙人床，加上一個洗臉盆。許多便宜的房型都是要跟別人共用浴室，附設私人浴室就會貴不少，不過依我住過超過 20 間冰島旅館、民宿的經驗，整個環境都很乾淨，即使是公用廁所還是非常整潔。

愈早訂房愈便宜

　　歐洲的訂房我會比較推薦透過 booking.com 訂房網站，選擇性較多、使用方便、價格也不錯，我的歐洲旅行幾乎 90% 以上都是透過這網站訂房。不過在訂房以前，有些事情得先明白。

　　一年當中，房價最貴的時候是 6 ～ 8 月的夏天，如果你選擇這個時候來，就得有花大錢的心理準備，而且還要跟來自全世界的遊客搶房間，唯一能做的就是提早訂房（至少半年以上），這樣或許還能搶到便宜的房間，我曾經提早 8 個月都訂不到一間很棒的米湖民宿，旺季真的要比手快才行。

　　房價最便宜的季節就屬冬天了，價格可能連夏天的一半都不到，而且你還不用搶先訂房，只是冬天就要考慮到惡劣的天氣因素，太偏遠的住宿因為交通的因素會非常難抵達。

① Langahlid Cottages & Hot Tubs 小木屋　② 便宜的青年旅館環境還是很乾淨

有無廚房很重要

　　廚房是選擇冰島住宿時非常重要的考慮條件，外面隨隨便便吃很糟糕的漢堡一份都要台幣 3 ～ 400 元，離開首都後你想吃飯還不容易找到餐廳，或者太晚餐廳關門，自己煮不但可以省錢，還可想吃飯就吃飯，行程安排上更加彈性。

　　如果你訂的是旅館（Hotel）或民宿（Guesthouse），在訂房網站的旅館介紹裡要查一下是否有公用廚房；青年旅館（Hostel）的話，雖說會有公用廚房，但還是要查一下訂房網站旅客對廚房的評價，有時候公用廚房太小或設備不佳不好用，旅客會在評價上抱怨。公用廚房如果鍋子不多，煮飯時就要跟別人搶鍋子用非常痛苦，這時候把煮晚餐的時間提早到 5、6 點才能避開熱門時段。

▲ 房間內有自己的廚房最好

公寓（Apartment）是最好的選擇

　　另外訂房網站上還有一種公寓（Apartment）是我最推薦的住宿選擇，公寓大都會1～3間臥室，還有1～2間浴室，也有私人廚房，有時甚至有洗衣機可以用；晚上回到住宿點悠閒地煮晚餐、洗個澡，接著再用洗衣機洗衣服，洗完的衣服晾在暖氣機上隔天就乾了。

　　如果是三、五個好友一起出遊，2房或3房的公寓或小木屋會是最好的選擇，以我的經驗，入住時會有驚喜感的就只有公寓類型的住宿，有時價錢不貴卻會住到很有質感的公寓，甚至有些還有洗衣機、烘衣機、BBQ烤肉設備及戶外熱水浴池，更不用說廚房不用跟別人搶，還有客廳可以舒服地待著。

　　唯一比較麻煩的就是這類型的住宿常常要自助入住，一般是民宿主人發email或傳簡訊到你的手機號碼，告知你公寓的位置、鎖匙盒的密碼，要依照指示打該鎖匙盒拿到門鎖匙才有辦法進入，有時光是要找到公寓的位置就是一件不簡單的事了。

① BBQ烤肉設備　② 部分民宿還提供洗衣機　③ 輸入四位數字的密碼就能拿到裡面的鎖匙

不住超可惜的好宿推薦

去過冰島 3 次住了 2、30 間旅館、民宿及公寓，雖然大都是便宜的住宿，卻也有好幾間是讓我特別喜歡的，甚至住進去後就不想離開，以下簡要介紹幾間冰島超值住宿。

◎ Snorrastadir Farm Holiday 斯諾拉斯塔迪爾農家樂 近距離觀賞火山口

Snorrastadir Farm Holiday 最大的特色就是鄰近 Eldborg 火山口，這裡遊客極少，我十分推薦。農莊有提供露營地、宿舍床位，以及 5 人或 10 人小木屋。5 人小木屋包含 2 間房、客廳、廚房與廁所，木屋外還有陽台及 BBQ 設備，也有專屬的戶外熱水浴池。

農場有養羊及可愛的冰島馬，有一次我們開車離開時在路上被馬群包圍，趕緊下車跟馬來場零距離接觸，溫馴嬌小的冰島馬真的讓人忍不住照片一張接著一張拍不停。另外入住農莊最直接的好處，就是晚上看極光不必往外跑，只要離主建築物遠一些就可以看到極光了。

INFO

🏠 Ferðaþjónustan Snorrastöðum
Kolbeinsstaðahrepp 311 Borgarnes

📍 64.77309, -22.30497

📞 +354 435 6628

🕐 10 月 1 日至 4 月 30 日 10：00 ～ 15：00
5 月 1 日至 5 月 30 日 9：00 ～ 16：00
6 月 1 日至 8 月 31 日 9：00 ～ 19：00
9 月 1 日至 9 月 30 日 9：00 ～ 16：00

📶 有免費無線網路，但有些地方收訊差

🛏 5 人與 10 人小木屋、露營地、宿舍床位

🍴 不含

① 5 人小木屋
② 小木屋有自己的戶外熱水浴池

冰島小常識

露營在冰島也相當流行，但即使是夏天，傍晚的氣溫也是會低於 10 度以下，加上冰島天氣變化劇烈，下雨是家常便飯；露營雖然省錢，也要確定自己能夠忍受冰冷的氣候才行。

◎ **Stella Rósa 米湖最受歡迎的民宿**

　　位於 Mývatn 米湖南岸，距離米湖溫泉只有 10 分鐘車程，價錢相對便宜、設備相當好的一間超值民宿，非常值得推薦。只是它只有一間 3 房公寓、一間雙人小屋及一間雙人房，沒有提早預約是會訂不到的。

INFO

🏠 Skutustadir 2, Lake Myvatn

📍 65.56628, -17.03256

📞 +354 862 4303

📶 有免費無線網路

🛁 不含

① Stella Rósa 公寓超級受歡迎
② Stella Rósa 公寓廁所有浴缸可以泡溫泉
③ Stella Rósa 公寓陽台外美景

◎ Langahlid Cottages & Hot Tubs 獨立遺世的峽灣度假屋

位於冰島東北部的一個峽灣小鎮 Seyðisfjörður 塞濟斯菲厄澤，提供獨棟的 3 房小木屋，室內各種設備齊全，不過它最吸引人的在外面，陽台上專屬的戶外熱水浴池可以邊泡澡邊享受峽灣景色，晚上甚至還能看極光，住進來就不想出門了。

INFO

🏠 Langahlíd 710, 710 Seydisfjordur

📍 65.27983, -14.0019

📞 +354 897 1524

📶 有免費無線網路

🧴 不含

▲ Langahlid Cottages & Hot Tubs 小木屋
▼ 戶外熱水浴池可以邊泡澡邊享受峽灣景色

旅人不藏私省錢法‧
美食玩樂攻略篇

享美食．玩樂一天只要 1,000 元

美景還要有美食相伴才是真正美好的旅程，冰島美景無與倫比，但冰島美食選擇就不多了，更重要的是外食一餐動輒台幣 7、800 甚至上千元台幣的價格，讓人吞不下去，所以幾乎來冰島自助旅行的遊客，都會自己準備三餐。

進到冰島的小豬超市你會發現一批批觀光客，正全都在裡面大肆採購旅程所需的食物，只是看到食材的價格時往往會倒吸一口氣，例如我們最常吃的豬肉一公斤新台幣 440 元（吃的時候連豬骨頭都要啃掉），往往我們一團 7 個人買一天三餐的食物花費 3、4,000 元也很平常，換成每人每餐的花費大約就是一餐 200 元台幣，因此一天三餐自煮的預算大約就是新台幣 600 元。

三餐自煮省錢又美味

有廚房的民宿或青年旅館都有鍋具可以料理，早餐與晚餐很容易就可以解決了。但

吃中餐時，通常人都在外頭，如果沒有特別的工具，也可以早上先做個簡單的三明治帶著，在中午 10 度氣溫下吃冰冷的三明治就能解決了。但這種悲慘的午餐可是完全不符合我旅行的意義，所以多準備 2、3 樣工具，早、中、晚餐都能吃得開心又幸福。

① 藍湖泡溫泉是冰島最熱門的旅遊行程　② 一個最便宜的漢堡餐加一瓶可樂台幣要 500 元
③ 早上做三明治當午餐是許多人的選擇　④ 冰島神鍋才 3,000 多台幣！

尋尋覓覓找到冰島神鍋！

　　第一次前往冰島，第一天我們就發現沒有鍋子是很難自己煮午餐，而且旅館公用廚房的鍋子通常不多且狀況不好，於是趕快四處找尋簡單的鍋子。在冰島連買鍋子都不是一件簡單的事，五金百貨店可是要飛回台灣才有，我們專程找了幾間超市及百貨商場都沒看到，當我隨意在路邊看到一間大賣場，正當尿急以百米之姿衝進去找廁所，接著就見到門內發出萬丈光芒！哎呀！這就是我們要的鍋啊！

　　冰島神鍋果然厲害，雖然也是不銹鋼鍋卻「鋼」得比台灣的漂亮，價錢牌翻過來一看，嘖嘖嘖……還是放回去好了，一個鍋 3,000 多台幣，還特價咧！這是不銹鋼鍋還是不銹金鍋啊？大家開始猶豫起來了，很重又很貴的一個鍋，要帶著這個「貴重物品」一起旅行嗎？身為團長，這種情況下就要跳出來做個了斷，「如果我們沒有鍋而必須在外面用餐，一個人一餐花 700 台幣，7 個人就 4,900 了，這鍋才 3,000 多，還不夠我們整團吃一餐啊！」於是神鍋就這樣跟著我們去旅行了。

要吃熱騰騰午餐 瓦斯爐、擋風板缺一不可

當然除了神鍋，還得有瓦斯爐（搭機時一定要放進托運行李），直接在台灣買露營用瓦斯爐就可以，請找可以收納的蜘蛛爐；爐頭則盡量找可以適用不同瓦斯罐的，冰島最普遍的就是登山瓦斯罐，所以基本配備只要能接登山瓦斯罐的爐頭就沒問題。另一個重點是瓦斯爐上要有點火器，不要還想著要拿打火機去點，風大的冰島會讓你點火點到瘋掉，並且強烈建議再帶一個爐子用的擋風板，不然大風及低溫怎樣也煮不熟。

有了鍋子、瓦斯爐，最後就剩瓦斯罐了，各大加油站都有賣，而且價格是最便宜的，不要像我笨笨地跑去首都購物街的露營用品租用店買，反而買到昂貴的瓦斯罐。加油站賣瓦斯罐也僅限於有人的加油站，許多郊區加油站是完全自助沒有人看管，所以一抵達冰島就要趕快在首都加油站買了。用量的部分，如果是每天煮中餐、偶爾煮晚餐，4 個人 10 天的行程，一罐 450g 的大罐高山瓦斯罐就很夠用了。

▲ 瓦斯爐、擋風板缺一不可

冰島小常識

通常在首都或機場附近的民宿或者青年旅館，都有客人留下來沒用完的瓦斯罐，而且數量還不少。抵達冰島的第一晚可以訂便宜的民宿或青年旅館，入住時可以詢問旅館服務員，他們會很願意將客人留下來的瓦斯罐給你，甚至多到整趟旅程都不用買，最後有剩的瓦斯罐，也請留在住宿給後來的旅人使用。

廚具齊全 在外野炊沒問題

第二、三次到訪的冰島之旅不只鍋子帶了，不鏽鋼碗筷、湯勺也都一起放在鍋子內，甚至切菜刀（搭機時一定要放進托運行李）與砧板也跟著一起來。住過冰島超過20間的民宿、旅館，大部分住宿的刀具都很不銳利、很難用，而且還要跟別人搶著用，自己的刀具不但好切，中午在外面野炊也能派得上用場；雖然感覺煮飯工具帶了很多，但每樣都是天天用得到的，還可以讓你吃得省吃得幸福，尤其在絕世美景前吃著熱熱的美食，其他遊客紛紛投以羨慕的眼光，這一切就值得了！

也許有過露營經驗的人還會問「應該需要保冷袋才能保存超市買的肉類吧？」別擔心，冰島本身就是一個超級大冰箱，即使是炎熱的夏天，氣溫也通常不會超過攝氏15度，只要別把車子停在太陽下，停車時稍微打開窗戶保持通風，車內的冷度就足以保存肉類不會壞掉了。

① 行李箱內塞滿各種台灣帶去的食物　② 冰河健行深受台灣人喜愛

玩樂預算一天只要準備 400 元

樣樣昂貴的冰島唯一讓人值得欣慰的，就是所有自然景點都是免費參觀，頂多就是收個停車費而已，所以整個行程你可以不用花錢在玩樂上，純粹就是到處走走看看、拍拍照，不只不用收門票，連想花錢買紀念品都找不到商店。

藍湖泡溫泉、冰河健行、騎冰島馬、熔岩博物館、地下火山岩洞、賞鯨及潛水等都是熱門的付費行程，其中最受歡迎的就是藍湖泡溫泉與冰河健行這2個行程了。冰河健行費用約新台幣3,000元，藍湖泡溫泉約新台幣2,500元，以一天400元的預算，15天的行程就有6,000元的玩樂費用，也就足夠參加這2項最熱門的玩樂了。

冰島
還能這樣玩

冰島可以這樣玩
5 天、10 天、15 天行程隨你玩

　　季節與停留天數是規劃冰島行程最主要的考量因素，四季分明的氣候讓你在不同時間前往的時候有不同的路線規畫與行程重點；甚至許多人是為了看極光而前往，那夏天旅遊旺季就不適合了，歐美遊客避之唯恐不及的冬天反而成了你要很認真考慮，且最適合前往的季節。

　　冰島最令人印象深刻的氣候特色就是變化極快，我已經旅行過 40 多個國家，第一次體驗到冰島天氣仍然讓我驚訝不已。冰島朋友 Maria 說就算一天內經歷了 10 多度的晴天、下雨、颳大風、下大雪等四季變化都很正常。我曾經在一天之中經歷過晴天、雨天、颳大風、又轉晴天這樣反覆 5 次，以前看爬高山的電影中天氣可以在一時內從最好掉到最差，老實說我並不是很相信，直到真正抵達冰島才了解極地氣候的脾氣。

　　租車環島是全覽冰島最棒的方式，也是許多人規劃冰島行程時優先考慮的目標，只不過冰島面積是台灣的 3 倍大，環島一圈遊玩主要景點大約里程數在 2,100 ～ 3,000 公里，以一天開車約 200 ～ 300 公里計算，9 ～ 10 天是最短的建議環島行程天數；如果天數短又堅持要環島的話，就只能含淚隔著車窗欣賞冰島驚奇的風景囉。

冰島小常識

由於北大西洋暖流經過西面與南面，冰島冬季的氣溫反而較歐洲大陸部分地區為高。據說在西元 9 世紀以前冰島尚未有永久居住的居民，但已經有歐陸的居民會從歐洲大陸來冰島過冬。

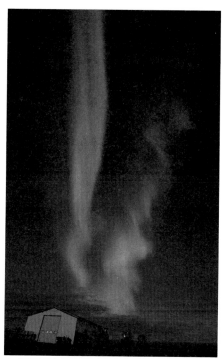

▲ 極光是冰島旅遊最大的賣點之一

想看極光，選擇冬季出發

　　極光是許多人前來冰島最大的動力，它是太陽風所帶來的帶電高能粒子與大氣層原子碰撞產生的發光現象，高能粒子被地球磁場帶到南、北極，所以只有高緯度地區比較容易看到極光。許多人反覆地詢問，到底何時是看極光最好的時間與季節？基本上與季節無關，只要是晚上天空無雲，幾乎都有機會看到極光；運氣不好的就看到一條不會動的淡綠色微光掛在天上；運氣好的則可以看到極光不停地舞動著，甚至變化出各種不同的色彩。

　　除了天氣，看極光最重要的就是日照時間的長短了，日照時間越長，看到極光的機會就越少。冰島每個月的日照時間長短不進相同，從4、5小時～16小時都有；原則上日照時間很長的月份，就算是太陽下山了天空還是微亮，除非遇到強大到不行的極光，才有機會欣賞到。因此，想要看極光的人可得避開4月中～8月底這段期間前往冰島。

▼ 冰島四季日照時間表

月份	1月	2月	3月	4月	5月	6月	7月	8月	9月	10月	11月	12月
日照時間	約5小時	約8小時	約11小時	約15小時	約18小時	約21小時	約19小時	約16小時	約13小時	約9小時	約6小時	約4小時

　　此外，極光其實無時無刻都有，只是白天陽光太強看不見，最適合看極光的時間是天黑後約2小時，到無光害的地方就可以看到。極光的強弱與太陽的活動有關係，透過極光指數 Kp 值來預測，0是極低，9是最高，極光指數預測可以至相關網站查詢。

INFO

🌐 https://en.vedur.is/weather/forecasts/aurora/
　（網站右上角的 Aurora forecast 就是極光指數）

除了極光指數，另一個影響極光的重要因素就是雲層厚度，雲層越厚就越看不到極光；上面提到的極光預測網站頁面有一張冰島的地圖，上面覆蓋著顏色，顏色越深就是雲層越厚且越看不到極光，白色是沒有雲，看到極光的機會就很大。圖片下方還有時間軸，可以拉動時間軸看每 3 小時的極光指數及雲層厚度預測。

選定了旅遊季節，接下來就是排行程了，有人可能是把冰島當做一趟環歐大旅行其中的一站，所以停留時間可能就 4、5 天；想要環島的人，考慮到公司請假的天數，大概就會安排 10 天左右；想要深度旅遊冰島的人，2 個星期以上比較夠用。無論是幾天的行程，都強烈建議採用「租車自駕」的方式，畢竟冰島的公共交通很有限，班次少且價格昂貴，甚至很多景點都到不了。

5 天，重點玩

短天數的行程活動區域在首都 Reykjavík 雷克雅維克周邊及冰島南部的 Vatnajökull National Park 瓦特納冰川國家公園，不過由首都前往冰川國家公園單程約 320 公里（車程 4 小時），中間會經過許多景點，因此行程安排上最好能一路玩過去，沿途住宿不同的小鎮。參加冰河健行是許多人的夢想，而完成冰河健行後也會有一定程度的體力消耗，且可能時間也比較晚了，當天也不適合直接開車回到首都，建議在附近一個小時車程內的小鎮找住宿，隔天一早再開車沿路完回首都。

Day01	經過長途飛行加上時差的問題，初抵冰島最好是安排非常放鬆的行程，因此前往機場附近的 Blue Lagoon 藍湖泡溫泉最適合，泡完後就直接回旅館休息，住宿地點則選擇首都 Reykjavík 雷克雅維克或機場周邊。
Day02	由旅館出發前往金圈一日遊，整個行程結束後直接選擇在 Hveragerði 惠拉蓋爾濟或 Hella 赫拉小鎮住宿。
Day03	重點是參加冰河健行或是 Vatnajökull National Park 瓦特納冰川國家公園周邊的景點，當晚的住宿就選擇在當地周邊。
Day04	回頭往首都的方向走，沿路拜訪黑沙灘、彩虹瀑布、Seljalandsfoss 瀑布等景點，最後回到 Reykjavík 雷克雅維克；想要多留點時間逛街、血拼的話，早上的景點參觀就要控制好時間，商店街的店家可是晚上 7、8 點就關門了。隔天如果是很早的飛機離開，直接住在機場最好，如果隔天還有時間逛街，那住首都就可以了。
Day05	參觀市區景點，前往機場搭飛機。

10 天，重點玩

10 天的行程安排大致上是把主要景點走過一遍，考慮到剛抵達冰島時已經過了 10 多個小時的飛行，加上冰島時間比台灣慢 8 小時，它的晚上 9 點已經是台灣的早上 5 點，因此第一天剛抵達時比較累且須要早點休息；一下機後前往 Blue Lagoon 藍湖泡溫泉是最輕鬆的安排。後續第 2 天開始順時針環島旅行，最後一天再回到首都 Reykjavík 雷克雅維克逛景點及購物。

① Blue Lagoon 藍湖溫泉　② Reynisfjara 黑沙灘

Day01	前往 Blue Lagoon 藍湖泡溫泉放鬆、適應時差，泡完後就直接回旅館休息，住宿 Reykjavík 雷克雅維克。
Day02	Deildartunguhve 地熱、Hraunfossar 熔岩瀑布群、Barnafoss 兒童瀑布、Vatnsnes 半島看海豹，住宿 Vatnsnes 半島周邊。
Day03	Glaumbær 博物館、Akureyri 阿克雷里補充食材、Goðafoss 上帝瀑布，住宿 Mývatn 米湖。
Day04	鑽石圈一日遊、泡米湖溫泉，住宿 Mývatn。
Day05	沿著 1 號公路向東部峽灣前進，一路邊走邊玩，抵達東部後建議接 93 號公路，沿途風景非常美麗，住宿 Seydisfjordur 峽灣小鎮。
Day06	繼續順著 1 號公路繞行東部峽灣往南走，沿途欣賞峽灣風光，進入 Vatnajökull National Park 瓦特納冰川國家公園參觀 Jökulsárlón 傑古沙龍冰河湖，住宿當地周邊。
Day07	參加冰河健行活動或遊覽 Vatnajökull National Park 各大冰河區，住宿當地周邊。
Day08	Reynisfjara 黑沙灘、Dyrhólaey 迪霍拉里海蝕洞、Skogafoss 彩虹瀑布、Seljalandsfoss 瀑布、Gljúfrafoss 瀑布，住宿 Hveragerði 惠拉蓋爾濟。
Day09	金圈一日遊、首都 Reykjavík 景點參觀及逛街購物，住宿當地。
Day10	Reykjavík 市區景點觀光，前往機場搭飛機。

　　多了 5 天就多了很多機會拜訪許多一般遊客少去，但卻讓人更加感受深刻的景點，尤其北部與東部的景點因為遊客少，有時甚至整個視線所及範圍內只有你跟同伴；放眼望去一整片浩瀚的大地延伸至地平線，沒有任何會動的生物，加上寒冷的空氣及荒涼的景色，這種孤寂的感受讓人有那麼一瞬間覺得自己彷彿與世隔絕流，放到了另一個星球。

Day01	直奔首都 Reykjavík 雷克雅維克，拜訪首都景點，購買未來幾天所需要的各種食材、調味料、烹飪工具等，住宿當地。
Day02	開車前往 Reykjanes 雷克雅內斯半島，上午拜訪 Brimketill 海岸奇岩，接著去 Krýsuvík Seltún 地熱區、Gunnuhver 地熱區、歐美陸橋；下午前往 Blue Lagoon 藍湖泡溫泉，傍晚回到 Reykjavík 逛街購物，住宿當地。
Day03	沿著 1 號環島公路向北接 47 號公路遊覽 Hvalfjörður 峽灣景色，Glymur 瀑布健行是我最愛的冰島景點；下午向西北方向前進斯奈山半島，Eldborg Crater 火山口健行，住宿斯奈山半島。
Day04	參觀 Gerðuberg 柱狀玄武岩、Ytri Tunga 海豹棲息地、Búðakirkja 黑教堂、Arnarstapi 阿爾納斯塔皮小鎮、Lóndrangar 奇岩、Vatnshellir Cave 火山岩洞、Dritvík–Djúpalónssandur 黑沙灘、Kirkjufell 教堂山及瀑布，住宿斯奈山半島北部小鎮。
Day05	Bjarnarhöfn 鯊魚博物館、Deildartunguhve 地熱、Hraunfossar 熔岩瀑布群、Barnafoss 兒童瀑布、Vatnsnes 半島看海豹，住宿 Vatnsnes 半島。
Day06	Borgarvirki 碉堡、Glaumbær 草皮屋博物館、Bjórböðin 啤酒 SPA、the Capital of Herring Fishing 鯡魚之都、Jólagarðurinn 聖誕花園，住宿 Akureyri 阿克雷里。
Day07	Goðafoss 上帝瀑布、Husavik 胡薩維克賞鯨、阿斯匹吉峽谷 Ásbyrgi、Dettifoss 黛提瀑布及 Selfoss 瀑布，住宿 Mývatn 米湖。
Day08	鑽石圈景點 Krafla Stora-Víti 克拉夫拉火口湖、Leirhnjúkur 泥山熔岩地獄、Námafjall Hverir 硫磺山溫泉、Grjótagjá 大地裂縫、Hverfjall 偽火山口、Dimmuborgir 黑色城堡、Skútustaðagígar 偽火山口；傍晚則前往 Mývatn Nature Bath 米湖溫泉，住宿 Mývatn。

Day09　沿著 1 號公路向東部峽灣前進，一路邊走邊玩，抵達東部後建議接 93 號公路，沿途風景非常美麗，住宿 Seydisfjordur 峽灣小鎮。

Day10　繼續順著 1 號公路繞行東部峽灣並往南走，沿途可以欣賞峽灣風光，進入 Vatnajökull National Park 參觀 Jökulsárlón 傑古沙龍冰河湖，住宿當地。

Day11　參加冰河健行活動或遊覽 Vatnajökull National Park 各大冰河區，住宿當地周邊。

Day12　Reynisfjara 黑沙灘、Dyrhólaey 迪霍拉里海蝕洞、Skogafoss 彩虹瀑布、Seljalandsfoss 瀑布、Gljúfrafoss 瀑布、Lava Center 熔岩博物館，住宿 Hveragerði 惠拉蓋爾濟。

Day13　Reykjadalur Valley 泡野溪溫泉、Geothermal Park 地熱公園、參加騎馬行程，住宿 Hveragerði 惠拉蓋爾濟。

Day14　金圈一日遊、首都 Reykjavík 景點參觀及逛街購物，住宿當地。

Day15　Reykjavík 市區景點觀光，前往機場搭飛機。

① 首都的大教堂是必訪景點　② Gullfoss 黃金瀑布　③ 熔岩地獄

Chapter02

必學技能、
必玩景點

該怎麼在冰島走動？自駕就對了！取車的方法與注意事項，一字不漏告訴你，拿好車，學會加油，就可以準備上路了！從首都開始，大教堂、音樂廳、太陽船等等，沒看過不能說你來過冰島。接著到藍湖一帶，泡個冰島式的溫泉，慢慢暢遊整個半島，再走一回黃金圈，就足以回家和朋友炫耀你的冰島行了！

車子怎麼租、野炊方法、必去的首都與黃金圈……
跟著走一遍，你也是冰島旅遊達人。

對了，別忘了我們的省錢方法，就是自己煮食。但是離開了民宿或飯店，該怎麼處理？就地野炊囉！要怎麼煮？要準備那些工具？如何讓食材變化無窮？跟著我，省下幾頓餐費，你更能快樂地暢玩冰島！

第一天就從租車開始

最重要第一步，讓你暢行無阻

在首都 Reykjavík 雷克雅維克機場取、還車是許多人的選擇，目前只有國際連鎖租車公司 Avis、Budget、Europcar、Hertz 等在機場大廳有櫃檯，其他的租車公司有些是在機場航廈外走路約 10 分鐘的租車公司區，有些則是散布在機場外開車約 10 分鐘車程的地方。

先找到租車公司

在機場取車要先確認要租的車是屬於哪一間租車公司，如果是前面提到的國際連鎖租車公司，就直接前往航廈內的櫃台接洽即可；其他租車公司就要看預約單上是否有提到要在哪裡等？最好出發前先在網路上查清楚租車公司的辦公室位置。

若是在機場航廈外走路約 10 分鐘的租車公司區，租車公司通常不會派人到機場去接待，必須跟著機場 Car Rental Shuttle Bus 的指標走，搭免費的接駁公車，大約 3 分

鐘就可以抵達租車公司。

　　不想等接駁巴士的話，也可以從 Avis 租車櫃檯旁的門走出去，左前方可以看到遠方有棟機場旅館 Airport Hotel Aurora Star，旁邊有一排類似鐵皮屋的建築，那裡就有約 20 間的租車公司，直接走過去約 10 分鐘。

　　另一種在機場外的租車公司，會在客人租車時詢問到達的班機時間，方便前往機場接客人到租車公司辦理手續。領完行李走進入境大廳，就會看到有人穿著租車公司的背心，確認是自己的租車公司後，直接跟接待人員接洽，他就會安排接送專車。

①冰島的測速照相機
②跟著機場 Car Rental Shuttle Bus 的指標走
③機場旅館旁類似鐵皮屋的建築是租車公司的區域

租車一定要帶的證件

　　取車時要出示租車確認單、租車人護照、駕駛人護照、駕駛人台灣駕照、國際駕照、信用卡，以上文件缺一不可。租車公司會請你填寫基本資料，主要是護照上的資料及住家英文地址，還有一些租車的相關規定（內容基本上都是英文的），解釋完以後會請你在上面簽名。

　　接著會要求以你的信用卡預刷一筆額度，主要是預防車子有損害，且租車人沒有賠償，就可以直接從預刷的額度內扣除；若是還車時都沒有問題，租車公司就不會向銀行請領這筆預刷的額度。請注意，還車後租車公司不會取消那筆預刷額度，只是不會跟你的銀行請款而已，所以你當月可刷卡的額度會因此減少，要到當期帳單結算後那筆額度才會恢復。

CHECKLIST

☐租車確認單　　　　　　　☐租車人護照

☐駕駛人護照　　　　　　　☐駕駛人台灣駕照

☐國際駕照　　　　　　　　☐信用卡

① 交車時要仔細檢查車子狀況
② 車輛外觀太髒可能會加收清潔費
③ 加油站有免費自助洗車工具

驗車要仔細、確實

　　交車時要陪同租車公司人員檢查車子的外觀，把所有外觀的損傷全部記錄在租車單上，請仔細地檢查，並且把有損傷的地方全部都錄影、拍照下來，確認租車公司人員有把所有損傷的部分記錄下來。檢查完畢後實際坐上車調整後照鏡、駕駛座，記得詢問租車公司人員加油的種類？油箱蓋如何打開？引擎蓋如何打開？大燈開關在哪？雨刷開關的位置？

　　取車時如果是加滿油的狀態，還車時也必須是相同的。此外，部分租車公司規定，還車時車輛外觀太髒會加收清潔費，所謂的太髒就是外觀布滿灰塵泥土，你只需要加油時找到加油站免費自助洗車工具，把外觀從頭到尾刷過就好，不見得要在還車前一天洗車，只要沒有太髒就沒關係。

左駕易上手，圓環速限要小心

　　冰島跟台灣一樣是左駕，所以對台灣駕駛人來說，開車方向不會有不適應的問題。

冰島小常識

冰島每年都發生外國遊客隨意路邊停車，被後方車輛追撞的事故。絕對不可以隨意在路邊停車，一定要找比較寬的路肩停，否則真的會有被後車追撞的可能性。

但是行駛圓環就很不一樣了，冰島的圓環多到爆炸，除了大都市很少看得到紅綠燈，取而代之的就是圓環，車開進圓環時，一定要停下來禮讓圓環內的車輛先過，然後才能進入圓環，這跟台灣的誰先搶到就誰贏完全不一樣。

開車進到任何城鎮內如果沒有特別標示，所有車子速度一律不能超過時速 50 公里；郊區柏油路一般速限 90 公里、貨車與拖車是 80 公里；郊區礫石路則所有車輛速限都是 80 公里。請一定要遵守速限開車，就算不在乎可觀的罰金，也要注意生命安全；特別是冰島車少很容易超速，路往往只有單向一線道，且路面坡度變化大，一不留神很容易衝出車道，萬一在郊區超速出了事，別說是昂貴的拖吊與修車費用，要找人救援都要等很久。

加油一定要帶信用卡，看清楚各品牌油價

冰島全都是自助式加油，甚至有許多無人加油站。與台灣不同的是，縱使是櫃檯有人員服務，也要自己拿油槍加油，再到櫃檯告訴服務人員油槍編號後付錢；如果是無人加油站，就得使用信用卡付費，信用卡加油要輸入 PIN 密碼，台灣的信用卡 PIN 密碼就是預借現金的密碼，請在出國前先跟信用卡銀行申請預借現金密碼。

除了信用卡外，N1 品牌加油站可以購買儲值卡來加油，這樣的話無人加油站也可以用儲值卡加油。雖然 N1 的加油站是全冰島最多的，但我還是不建議，因為用不完的儲值卡只能在 N1 超市消費，也不能拿去其他品牌加油站使用，而且 N1 的油價比其他品牌貴，所以還是用信用卡加油會比較好。

加油站品牌有 N1、ORKAN 及 OB 等，N1 的加油站最多但也是最貴；ORKAN 比較便宜，相同品牌加油站在不同地點油價也不同，建議多注意油價，看到相對便宜的加油站就趕快把油加滿。

① 加油要用到信用卡的 PIN 密碼
② 3 大常見的加油站品牌之一，ORKAN 加油站

自助加油步驟教學

無論哪間加油站，用信用卡加油的順序都差不多，以下一個步驟、一個步驟說明：

1　選定加油機。

2　在加油機面板上選擇語言。

3　信用卡插入加油機。

4　輸入信用卡 PIN 密碼（即預借現金密碼）。

5　選擇你要加油的金額，要加滿油的話直接選 Full Tank，其他選項就是選擇你要加的金額。如果你選 10,000KR，但是最後加不到 10,000KR 就滿了，只要把油槍放回去，最後刷卡金額還是你實際加油的金額，所以不用擔心。

6　金額選完後就依據車子的油品種類拿起油槍開始加油，加完後把油槍放回去後等發票列印出來就可以直接開車走人。

① 每台加油機都有自助刷卡機器
② 不同加油機刷卡付費機器也許不同，但是流程都一樣

停車務必先繳錢

停車除了大城市以外幾乎都是免費，進到城市後要注意一下，看看有沒有相關收費的標示或收費機器，甚至可以看一下前後車輛的擋風玻璃下有沒有停車收據，有的話就表示要去買票停車。停車費也可以刷卡，我在首都 Reykjavík 雷克雅維克遇到的收費機器都是同一種，停一個小時 250KR，最低消費 100KR，最高消費 2,000KR。

收費時間可以看停車區域的 P 停車牌，上面會寫，一般週一至週五 09：00 ～ 18：00、週六 10：00 ～ 16：00 要收費，其他時間免費。另外，部分重要景點收停車費大都是計次收費，費用約 500KR，也是找到收費機後用信用卡付款（不收現金）。

冰島的收費停車都是要預買，買完後把票放在擋風玻璃下供檢查，超過票上停車時間或是沒買票，罰款都很重。

雷克雅維克停車收費機購票步驟

1. 停好車後隨便找一台附近的收費機，不一定要最近的那台，只要是收費機都可以。

2. 按面板右上方灰色的 LANGUAGE 語言選擇鈕，選擇顯示語言為英文。

3. 插入信用卡。

4. 按面板下方的藍色按鈕「+」或「Max」，按一次「+」金額增加 100KR；按一次「Max」金額增加 500KR。按的同時，螢幕上的會顯示時間與金額，金額就是你現在打算買的金額；時間就是這個金額可以停到幾點；例如金額 500KR，時間 16：30，就是你會付 500KR，可以停到下午 04：30。這時候如果你繼續按「+」增加金額到 1,000KR，表示你可以多停 2 小時（停車費率是一個小時 250KR），即停到 18：30；但是因為 18：00 到隔天 09：00 不收費，所以顯示的時間會自動變成 09：30，就是你可以停到隔天早上 09：30。

5. 確認金額及停車時間後按下綠色「OK」鈕，收據就會跑出來，然後把收據放到車子的擋風玻璃下供檢查即可。

① 有寫 P 的牌子內有停車資訊
② 看到有停車格一般都要注意有沒有收費
③ 停車收費機

野外料理也難不倒你

只要會煮泡麵，就不怕會挨餓

一直以來，美食都是一趟完美旅程不能缺席的伴侶，只是冰島幅員遼闊、人口希少，就連景點區都不見得有餐廳了，更別奢望外食能有多好的選擇。即便幸運一點能找到一間不錯的餐廳，一餐台幣 7 ～ 800 元也只是讓你吃得飽，有熱量能燃燒而已，絕對稱不上是好吃的美食。這種情況下，你只要具備煮泡麵的能力，這趟旅程就已經成功了一半。

好餐廳難找，不如自己做三明治

中餐隨便吃是許多人出發前的計畫，心中還盤算著中間要是有經過好餐廳，再去好好吃一下。實際上真的會變成每天隨便吃，經過好餐廳也沒辦法去好好吃；一方面是價錢很貴，看到就……（無言）還是隨便吃就好；另一方面也是因為餐廳真的很少，有時候午餐時間到了，但在景點區找不到餐廳；有時則是有餐廳，但賣的卻是難吃的速食漢

① 野炊才是王道　② 一份披薩也是要台幣 7 ～ 800 元　③ 簡單的三明治

堡跟薯條；更多時候是想到有名的餐廳，你得配合人家的營業時間特別開車跑一趟，行程就更緊繃了。

　　對許多旅人來說，最簡單省錢的午餐就是三明治或麵包，通常都是事先在超市把吐司、麵包、火腿、生菜等買好，當天早上在民宿做早餐時，順便把午餐三明治給準備好。其實也就只是烤 2 片吐司，把超市買的火腿片及生菜放進吐司裡，然後裝袋就完成了，只是我從來沒有這樣做過，因為冰島的絕世美景搭上味道平淡的三明治？這真的是一種浪費啊！

悶燒罐料理加溫技巧

　　2017 年的第二趟冰島旅行，同行的朋友就有人帶了悶燒罐，它的原理是利用保溫

來達到悶煮的作用；概念是早上出發前把食材跟熱水放進悶燒罐，中午就有熱騰騰的食物了！但是實際的情況也不會真的那麼美好；首先，冰島的氣溫比較低，對悶燒罐的效果多多少少會有影響；再者，食材選擇上，太大塊、太大片、不容易熟的都不能放，試想悶燒罐也只是放入 100℃ 的熱水去慢慢悶，中間也不會另外加熱，你把一整塊豬肉放進去也不可能悶成東坡肉。

　　為了要確保食材能夠完全煮熟，最好的操作方式是所有食材都要先用熱水燙過一遍，至少放入悶燒罐以前不能是冷的，就連悶燒罐本身都要先放入熱水預熱，接著才連同 100℃ 的熱水及燙過的食材放入悶燒罐內；也不是太省事就是了，但是至少中午也有熱騰騰的食物。

❶

野炊才是王道，大地就是廚房

　　在寒冷的天氣如果能夠來碗熱熱的湯麵就是最棒的享受了！氣溫動輒低於 10℃ 的冰島卻很難找到有賣熱湯的餐廳，即使讓你找到了，一碗 4 ～ 500 台幣的西式濃湯也是無法盡興啊！記得有一次在斯奈山國家公園遊客中心，我們只是簡單地煮著泡麵，突然一車大陸旅行團抵達，下車後他們頻繁地接近我們，一方面是要看鍋裡到底煮些什麼，但是更大的成分應該是被泡麵的香氣所吸引，這種在亞洲平凡到我們不會特別想吃的食物，到冰島就成為價格便宜的人間美味，花個 10 ～ 20 分鐘現場料理，也比早上待廚房

準備悶燒罐料理多一點時間而已。

　　帶了自己的鍋子、爐具、刀具，哪裡都可以是我們的廚房。無論是在哪個角落，冰島的路上總是會有一棵樹旁邊帶有桌子的標示，彎進去就可以看到停車場及桌椅，而且通常這樣的休息區也會有不錯的景色，於是休息區成了冰島旅行最佳的廚房地點。

　　萬一肚子餓又久久沒看到休息區標示，或者是路經某處看到景色很美旁邊還有小溪流，只要路邊空間還很大，停車不影響主幹道的車輛，安心停下來煮飯也沒問題。不過如果是開在 1 號環島公路上，還是找休息區會比較好，畢竟這條公路沿路休息區很多，且車流量太大，休息區煮飯會更適合些。住宿旅館有時候也沒有公用廚房，這時候我通常會直接在旅館外，或者在附近找個有座椅的地方，煮簡單的湯麵。

自己煮，必備的美味關鍵

　　泡麵幾乎是冰島旅行時，一定會塞在行李箱的必備物品，只要水煮沸丟進鍋裡煮就是人間美味。不過都來到冰島了，當然也要加入一些在地元素，超市裡的蔬菜、豬肉、雞肉都很簡單方便，加進泡麵味道就更勝一籌，建議早上在民宿就把蔬菜給洗好裝袋，肉類也可以事先切好，中午要煮的時後丟進鍋裡就可以，也不必擔心食物的保存問題，冰島的氣溫夠低，即使是炎熱的夏天也不過 10 ～ 15℃，新鮮食材放在車內，只要車窗微開一點通風，撐到中午還是很新鮮。

① 找個美麗的休息區車一停，這裡就是我們的美麗廚房　② 有了鍋子、爐具，哪裡都是我們的廚房
③ 自己煮大餐

冰島小常識

由於風大氣溫低，冰島野炊煮水時，水很慢才會滾，建議保溫瓶裝熱水帶出門，直接用熱水加熱會快很多；另外，可以買水袋裝水出門，野外不見得會有水源，有水袋就可以簡單清洗鍋具，甚至可以當水喝。

除了泡麵，我更推薦罐頭料理，只要在台灣買好肉醬罐頭與茄汁鯖魚罐頭，再加上新鮮蔬菜及麵條，就是一碗非常美味的鯖魚麵，一罐肉醬與茄汁鯖魚可以煮約 4～5 人份。麵條比較推薦從台灣帶過去，雖然冰島超市也有賣麵條，但西式的麵條不會吸收湯汁，吃起來比較沒味道，而超市賣的東方麵條也大都不好吃。

▲ 肉醬罐頭、茄汁鯖魚罐頭、新鮮蔬菜加麵條就是一碗非常美味的鯖魚麵

日式咖哩飯也能簡單煮

泡麵再升級就是我非常喜愛的日式咖哩，在台灣的超市買 2～3 盒日式咖哩塊，抵達冰島後，只要再買馬鈴薯、紅蘿蔔、洋蔥和雞肉、豬肉或牛肉三選一。住有廚房的民宿時，把馬鈴薯、紅蘿蔔、洋蔥、肉類切塊；加油熱鍋後，把洋蔥及肉類放進去炒出香味，接著下馬鈴薯繼續炒個 5 分鐘，然後再放紅蘿蔔炒個 3 分鐘，最後加水進鍋，水面高度高過食材約一公分；水滾後約 5 分鐘，把咖哩塊丟入並攪拌，讓咖哩塊融化，自行斟酌咖哩濃度來調整放入的咖哩塊數量，最後再多滾個 10 分鐘就是好吃的日式咖哩了。

一鍋日式咖哩可以吃 2、3 餐，一般是晚餐煮日式咖哩，剩下的放冰箱，如有帶保溫鍋，可以隔天一早先在廚房把咖哩加熱放入保溫鍋，中午再煮個麵，淋上咖哩醬就是

簡單美味的料理。沒有保溫鍋的話，就中午直接加熱後，另外再煮一鍋麵也可以，還可以拿前一晚的剩飯做成咖哩飯。

① 日式咖哩飯　② 日式咖哩麵

超市搶便宜，就認粉紅豬

超市可是冰島旅遊不可錯過的景點，為了三餐，每天都要逛上一趟，有時甚至逛個2、3趟都有可能，不同品牌的超市賣的生鮮食品會有些許差異，品質也不盡相同，買膩了小豬超市（Bonus）的東西，就會改逛 Kronan 或 Nettó 超市。

商標上有一隻可愛的粉紅小豬，被大家暱稱為小豬超市的 Bonus，是冰島最有人氣的廉價超市。店面規模很大，要比較大的小鎮才會看得到，也是最普遍的超市，因為價格便宜也成了冰島人最愛去的超市。店裡販賣許多小豬自有品牌的食品，但是我得說，便宜的東西相較之下口感也比較沒那麼好；有一次我在 Nettó 超市買到比較貴但是很好吃的葡萄，後來不論是去哪一間小豬分店，都買不到一樣甜的葡萄了。

Kronan 或 Nettó 超市是另外 2 個連鎖超市，它們的規模跟小豬超市差不多，但是分店沒有小豬多，而且價格也會稍微貴一些，不過一分錢一分貨，價格高食物也會比較好吃一些，只是遇到 Kronan 或 Nettó 的機會不多就是了。

小超市也有驚喜，冷凍披薩最超值

很多人口少的小鎮沒有以上 3 間品牌的超市，只有規模很小的小超市，這樣的超市價格都貴上不少，選擇性也少很多，所以通常每天只要看到連鎖大超市都會停下車來採購一番；直到有一次，在一間小超市無意間買到整塊用布繩綁起來的醃豬肉，直接放進

烤箱裡烤，結果是鮮嫩多汁的美味，後來不論是 Bonus、Kronan 或 Nettó 都找不到一樣美味的醃豬肉了。

　　講實話，冰島人收入雖高，但超市內各種蔬菜、水果、肉類選擇性真的比我們少很多，尤其是海鮮類，幾乎都是冷凍的，而且選擇性也少；雖說冷凍小龍蝦是冰島產的，但我們不會料理，自己買回來水煮的味道也不怎樣，真要吃冰島小龍蝦就直接去 Hofn 赫本吃就好。

　　肉類的部分，相較下雞翅、雞腿比較便宜，但是冰島的雞肉很鬆散，豬肉與羊肉會是比較好的選擇；尤其羊肉最有名氣，也不會有太重的羊騷味，建議買醃好的羊肉回來直接烤箱料理就可以。

　　最推薦的還是 Dr. Oetker 的冷凍披薩，雖然是全歐洲都買得到，但是這牌子的披薩是最好吃的，即使是冷凍披薩，烤過以後還是比在台灣吃到的任何披薩都好吃，一個也才台幣 100 元，可以說是 CP 值最高的食物。

　　另一個大家會感興趣的食物是魚子醬，這在台灣很貴的食品在冰島一罐只要台幣 110 元，塗在吐司或餅乾上吃都好。只是電影中很高貴的魚子醬看起來很美味，實際上小豬超市買到的，卻除了鹹以外也沒有太多滋味了。

① 小豬超市
② Nettó 超市
③ Kronan 超市
④ 魚子醬一罐只要台幣 110 元
⑤ 魚子醬塗麵包當早餐
⑥ Dr. Oetker 的冷凍披薩很好吃！

冰島區域景點地圖

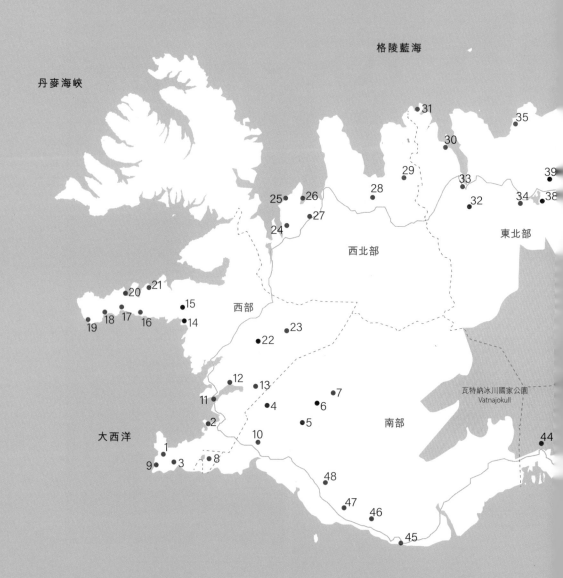

格陵藍海

丹麥海峽

31

35

30

29

28

33

32

34

39

38

25 26

27

24

西北部

東北部

20 21

15

西部

19 18 17 16 14

23

22

12

13

11

7

4

6

5

南部

瓦特納冰川國家公園
Vatnajokull

大西洋

1

10

2

44

9 3

8

48

47

46

45

挪威海

40 41

東部

42

43

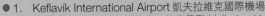

Reykjavík 首都一日攻略
逛街、美食、藝術景點應有盡有

Reykjavík 是冰島的首都，也是全世界緯度最高的首都。全冰島 1/3 的人口都住在首都，不過也別把它想得很擠，其實人口也才 10 萬出頭而已。對大部分前往冰島旅遊的人來說，Reykjavík 通常是旅程中到訪的第一站，因為剛從亞洲大老遠飛來，一定先在首都休息一下，順便調整時差，還有煮飯的基本材料及工具也要在首都補齊，不然出了首都就沒那麼方便了。

首都內的景點主要包含 Hallgrimskirkja 哈爾格林姆教堂、Harpa 哈帕音樂廳、Sólfar 太陽航海者、Laugavegur 洛加維格大街逛街購物、Kolaportið 克拉博迪跳蚤市場等，這些景點彼此都很近，景點與之間景點都是走路 10 分鐘內可以到的距離，所以安排半天或一天散步逛逛就差不多了。

冰島小常識

西元 870 年左右，Reykjavík 雷克雅維克開始有了來自挪威與瑞典的移民，由於當地溫泉多霧氣瀰漫，這些移民遠看以為是煙霧，便將此命名為 Reykjavík，也就是「冒煙的灣岸」。

02 Kolaportið 克拉博迪跳蚤市場　　　　亞洲食材這裡買比較便宜

　　如果剛好是碰到週六、日，你就可以順便逛逛 Kolaportið，它就位於 Harpa 哈帕音樂廳的對面，在一棟看起來像倉庫的建築物裡。就像印象中的跳蚤市場，這裡什麼都賣，從外套、毛衣、褲子、手套、鞋子、唱片、書、骨董等都有，最多的還是賣衣服的攤位，而且新的、二手的都有。當初問了冰島朋友 Maria 哪裡可以買到便宜的羊毛衣，她就說 Kolaportið；實際前來是有很多可以選沒錯，但款式一般，價格也不便宜，跟想像中的「便宜毛衣」有很大的落差，不過畢竟冰島的物價即使是便宜，我們還是覺得很貴阿！

　　比較新奇的是這裡還有賣食品，有冷凍海鮮、各種肉類及亞洲進口食品，所以你如果要買到比較便宜的亞洲食材及調味料，是真的可以來這裡買。另外，冷凍海鮮我也有買過，價錢也是便宜沒錯，只是沒有啥味道，還蠻後悔的。整體而言，跟歐洲其他國家的跳蚤市場比起來，Kolaportið 規模小且價格不便宜，所以我個人覺得來不來都可以，如果時間多，又沒其他安排，就來看看吧。

① Kolaportið 跳蚤市場是一棟看起來像倉庫的建築物
② Kolaportið 跳蚤市場甚麼都賣

INFO

🏠 Tryggvagötu 19 , Old Harbour, Grófin, 101 Reykjavík

📍 64.148729, -21.938033

📞 +354 562 5030

🕐 週六、日 11：00 ～ 17：00

🚫 週一至週五

🌐 http://www.kolaportid.is/

💲 免費

💳 可

02 Hallgrimskirkja 哈爾格林姆教堂

上塔樓一覽首都景色

　　進入 Hallgrimskirkja 前有一座很醒目的 Leifur Eiríksson 萊夫艾瑞克森雕像，是美國送給冰島的禮物，以紀念 1930 年冰島議會成立 1000 週年。根據傳說，冰島人萊夫艾瑞克森早在西元 1000 年就發現了北美大陸，足足比哥倫布早了快 500 年；冰島人同時擁有全世界最早的民主議會及第一個發現北美新大陸的歐洲人，相當值得驕傲。

　　冰島文「Hallgrimskirkja」是由人名「Hallgrímur」和「Kirkja（教堂）」2 字組成，Hallgrímur Pétursson 是冰島最有名的詩人及牧師之一，因而以他的名字命名。高度

冰島小常識

距離 Hallgrimskirkja 哈爾格林姆教堂走路 2 分鐘的麵包店 Brauð & Co. 有著全市最好吃的肉桂捲，店內常常人滿為患，參訪教堂的同時別忘了順便嘗嘗。

📍 64.144027, -21.926023
🕐 06：00 ～ 18：00

74.4 米（244 英尺）的 Hallgrimskirkja 教堂是全冰島最高的教堂，因為屬於基督教路德教派，整座教堂並沒有太多華麗的裝飾；設計建築師 Guðjón Samúelsson 應用簡單的線條，勾勒出帶有冰島地理特色的冰川、群山與六角岩柱意象，將它們融入建築之中，讓人一眼感受到濃厚的冰島特色。

走進教堂裡，左手邊的商店可以購買進入塔樓的門票，購票後直接搭乘電梯上塔樓，因為視線幾乎沒有阻擋，在塔樓內你可以盡覽整個 Reykjavík。回到一樓繼續走進大廳，簡潔俐落的線條加上挑高的設計，讓人感受到一股純潔的莊嚴，唯一比較複雜的是大廳出入口上方高 15 公尺、重 25 噸的管風琴，如果你夠幸運的話還有可能會剛好遇上管風琴演奏。

① 充滿冰島風格的 Hallgrimskirkja 哈爾格林姆教堂
② 教堂內莊嚴的氛圍
③ Brauð & Co. 麵包店的招牌肉桂捲
④ 簡潔俐落的線條加上挑高的設計讓人感受到一股純潔的莊嚴

INFO

🏠 Hallgrímstorg 1 101 Reykjavík   📍 64.141718, -21.926682

📞 +354 510 1000   💳 可

🕐 10 月至 4 月 09：00 ～ 17：00（塔樓 16：30 關閉）
   5 月至 9 月 09：00 ～ 21：00（塔樓 20：30 關閉）
   週日 10：30 ～ 12：15 塔樓關閉

🖼 可能因為特別活動（例如婚禮或葬禮）而關閉

🌐 http://en.hallgrimskirkja.is/

💲 參觀免費，上塔樓要門票，成人 1,000KR、7 到 16 歲 100KR

＊冰島克朗：新台幣匯率為 1：0.247

Harpa 哈帕音樂廳　　　　　　　　　建築藝術展現冰島自然風光

　　這座位於首都非看不可的超吸睛建築是音樂廳與會議中心，由一間丹麥建築師事務所 Henning Larsen Architects 與冰島裔的丹麥藝術家 Olafur Eliasson 共同合作設計，並於 2007 年開始興建；然而 2008 年遇上國際金融海嘯一度停建，雖然當時冰島破產了，政府還是決定要繼續興建 Harpa；好幾年間，Harpa 是當地唯一繼續進行的工程興建案，可見冰島人對於藝術的熱愛。

　　這棟令冰島人驕傲的建築，把來自北歐的玻璃帷幕建築提升到另一個層次，幾何形

狀的玻璃外牆一眼就看出取自六角玄武岩石造型，不只創造出立體感，在陽光的照射下更折射出光彩奪目的建築外觀，讓整棟建築如珠寶盒般閃耀。

走進內部大廳，整個牆面與天花板全是一片深灰，馬上就讓人聯想到冰島海岸的色彩，主音樂廳內整片紅通通裝潢則代表著冰島燒紅的岩漿，整棟建築物處處表現出冰島的自然風光。

除了看建築，我個人覺得裡面的 2 間紀念品店也很好逛，裡面販賣了許多來自冰島各地的創意商品，非常具有特色且在其他地方不容易找到。只是冰島就是一個貴，這裡的創意商品更是貴到讓人很難下手，不過如果你要找具冰島特色且非常獨特的紀念品，來 Harpa 就對了。

INFO

🏠 Austurbakki 2, 101 Reykjavík

📍 64.150487, -21.932858

📞 +354 528 5000

🕐 08：00 ～ 24：00

🎫 無

🌐 https://www.harpa.is/

💲 參觀免費

💳 可

① Harpa 哈帕音樂廳如珠寶盒般閃耀
② 內部設計充滿著冰島元素
③ 六角玄武岩石造型玻璃

02 *Sólfar* 太陽航海者　　　　　　　承載希望的夢想之船

離開 Harpa 沿著海岸走約 5 分鐘即是 Sólfar 太陽航行者，位於 Harpa 附近的海邊，冰島文「Sólfar」的意思是「Sun Voyager」太陽航海者，它是 1990 年為了慶祝 Reykjavík 雷克雅維克建成 200 週年而設置的藝術品。根據設計者 Jón Gunnar 的說法，Sólfar 所代表的是一艘歌頌太陽且承載著希望、進步與自由的夢想之船，當初我還以為是一條維京船咧！

▲ Sólfar 太陽航海者

INFO

📍 64.147596, -21.922318

　　買紀念品、購物，Reykjavík 雷克雅維克絕對是最適合的地方，出了首都，你想買都找不到地方買。倒不是説 Laugavegur 大街上的店家多到數不清，而是其他地方的商店及紀念品店少到可憐，就算是非常熱門的景點，賣紀念品的店也只有 1、2 間，甚至大部分的小鎮連一間紀念品店都沒有！不然就是等到機場的免稅店再買了。

　　Laugavegur 大街上有餐廳、紀念品店、超市、電信公司、各種商店，你如果要買衣服的話可以找到冰島知名品牌 Icewear 與 66° North；其他還有各種生活居家用品、服飾、文具用品、觀光客最愛的紀念品店。特別值得一提的是 Laugavegur 大街上及周邊的小巷會有一些類似個人工作室的小店，裡面賣的是個人的創意商品，這些商品很有特色，只是價格貴到下不了手，買 1、2 樣還行，大量送給親朋好友的就沒辦法了。

① Laugavegur 洛加維格大街塗鴉建築
② Laugavegur 洛加維格大街

INFO
64.144815, -21.924717

冰島小常識

國際機場的免稅店也是有非常多的紀念品，連 Icewear 與 66° North 這兩個冰島服飾品牌也都有；價格的部分根據我個人買紀念品的經驗，比市區便宜一點點，但是會比較買不到那種具有個人工作室特色的商品，所以個性商品看到喜歡就要買，不然過了這個村就沒那個店了。

02 **Bæjarins Beztu Pylsur 羊肉熱狗堡**　　　全歐洲最好吃，原來是這味

1937 年開業的 Bæjarins Beztu Pylsur 店名翻譯就是「鎮內最好吃的熱狗店」，去過冰島你對這樣的名稱就會有概念了。舉例來說，一般的城鎮有三五間餐廳就非常厲害了，因為每個城鎮人口都超少，外食又超級無敵貴，開個三五間餐廳也只是剛好而已。這 3 間餐廳，2 間賣漢堡薯條，另一間賣 Pizza，這間賣 Pizza 就會成為「鎮上最好吃的 Pizza 店」，廢話！就它一間賣 Pizza 而已，最好吃是它、最難吃當然也是它！

不只是鎮上最好吃的，Bæjarins Beztu Pylsur 在 2006 年 8 月還被 The Guardian 英國《衛報》選為全歐洲最好吃的熱狗，自然吸引無數人前來嚐鮮。一份熱狗台幣 100 出頭，以冰島的物價來說確實是便宜得不得了，不買來吃看看真對不起自己；再加上 Kolaportið 克拉博迪跳蚤市場旁邊就有一間分店（總共有 5 間店），去逛跳蚤市場就順便吃了。

我們吃的是啥都加的口味，剛接過來時還有點愣住，看起來實在一點都不厲害，簡單的麵包、無奇的熱狗上面再淋點醬汁，看起來比咱們 7-11 大亨堡遜色太多了！一口咬下去……確實是好吃，但沒有驚喜感，如果說這就是全歐洲最好吃的熱狗，那歐洲的熱狗還真的是不怎樣，因為也只比大亨堡好吃一些而已。熱狗是羊肉做的，卻沒有一點羊騷味，而且還蠻軟嫩的，熱狗本身好吃，其他都很普通，不過看在它賣得如此便宜，確實是可以來吃一下。

INFO

🏠 Tryggvagata 1, 101 Reykjavík

📍 64.148397, -21.938256

🕐 週日至週四 10：00 ～ 01：00
　週五至週六 10：00 ～ 04：30

📠 無

🌐 http://www.bbp.is/information-in-english

💳 可

① Bæjarins Beztu Pylsur 鎮內最好吃的熱狗店
② 羊肉熱狗沒有羊騷味，而且還蠻軟嫩的

Blue Lagoon 藍湖，必訪夢幻之地

泡湯愛好者一定要來

不管你在冰島要停留多久，牛奶般質地，有著夢幻藍色的 Blue Lagoon 藍湖都是必訪行程，尤其喜愛戶外泡湯的人，更是一定要體驗的景點；除了泡湯外，一旁的面膜吧還有矽泥（Silica Mud）可以無限取用，拿來敷臉或做全身去角質都很好用呢！另外，西方人的泡湯習慣與咱們東方人的很不一樣，有多不同，就等你自己來親身體驗吧！

美麗的 Blue Lagoon，溫泉水其實是人工製造的，大約 40 年前為了興建地熱電廠發電而在當地鑽了 2 公里深的井，將海水引入深井內加熱產生水蒸氣推動發電機，接著冷卻後的海水就排放到附近低窪的火山熔岩區；這些「工廠排放廢水」因為溶解了火山熔岩區的矽土（Silica）、藻類（Algae）和礦物質（Minerals），使得它的顏色變成了牛奶藍，在夏天藻類繁殖比較快時，顏色甚至會變成牛奶綠。

① 其實我們泡的是「工廠
　排放廢水」
② 超值套票以上有提供浴
　袍
③ 藍湖泡湯是許多人冰島
　必走的行程
④ 藍湖泡個美人湯

　　帶有礦物質、矽土及藻類的「工廠排放廢水」，因為對皮膚及舒緩情緒有很大的幫助，所以後來就成立了療養中心，加上整個景色獨特而美麗，使得它成為冰島最重要的觀光景點，不過套句冰島朋友Maria說的話：「藍湖是給觀光客去的，我們冰島人不會去，因為票價實在太貴了」，真的！泡個「工廠排放廢水」都要台幣3,000元，實在誇張到不行。

前往 Blue Lagoon，買票有技巧

　　前往 Blue Lagoon 前，建議事先上官網訂購，沒有上網預約直接到現場排隊很有可能會進不去，因為他們有人數管制，有預約訂票的人優先入場，加上藍湖是冰島最熱門景點，總有一大堆觀光客，現場很難等到有空位可以進去。

網路上販售的門票分為3種：

- Comfort舒適套票 6,990 KR：包含門票、無限次使用Silica Mud Mask（矽泥面膜）、毛巾及一杯飲料
- Premium 超值套票 9,900 KR：舒適套票有的內容都有，再加浴袍、拖鞋、使用第二種面膜、可選擇是否要預定 LAVA 餐廳、有在 LAVA 餐廳用餐的話附贈一杯氣泡酒
- Luxury 奢華套票 79,000KR：這是 2 人份的套票，超值套票有的內容都有，再加 SPA、專屬貴賓休息室、私人更衣室、護膚產品試用套裝

　　以上的價格都是基本價，先在網站上選擇要哪一種票，接著選日期，然後畫面會顯示出該日期的各個時段，每個時段都有不同的價格，例如：舒適套票 6,990 KR 的價格可能就是要關門前 3～5 小時才有，如果你選中午 12 點的，那票價就會飆漲到 11,990 KR。

　　預約完成後可以線上刷卡的方式完成付款，接著就會收到確認信，可以把確認信印出來，或者放在手機裡，到現場出示確認信就可以。由於現場可以補差價升等，所以也不用一次決定好，就先買最便宜的票，到現場再升等也行。線上購票時就要選好進場時間，當天再按照你預約的時間抵達，有時排隊的隊伍很長，可能要排個 10 幾 20 分鐘，所以提早一點抵達也無所謂。

　　關於門票，分享一下幾年來的心得；2016 年 9 月前往的時候，標準票票價是 50 歐元，到了 2017 年 9 月，標準票價雖然還是 50 歐元，但是卻開始分時段有不同的價格，我 2017 年 9 月去泡，選擇中午 12 點左右，標準票票價就變成 66 歐元，足足比 2016 年貴 16 歐元；2019 年 8 月中午 12 點的標準票票價現在已經變成 88 歐元，因為怎麼漲價都是有一堆觀光客。第一次來冰島的人花超過台幣 3,000 元泡一次 Blue Lagoon，預算不會太緊的話就去吧，畢竟是個很棒又新奇的體驗，但我已經去過 2 次，就不會花那麼多錢再去第三次了。

① 火山岩步道　② 報到要依照不同票種排隊

❶❷

買好票，準備前往泡湯

票買好了，依照時段入場；報到時，服務人員會詢問你是否要升等，接著給你相關的東西，如果你是舒適套票，就會有一個電子手環、一條毛巾；如果是超值套票，就會有一個電子手環、一條毛巾、一件浴袍、一雙拖鞋等。

接著前往更衣室，更衣室門口有鞋櫃，脫下鞋子擺鞋櫃就好，進到更衣室就找一個你喜歡的置物櫃，換上泳衣泳褲，帶著你的浴巾，剩下的東西全部放進置物櫃內，把置物櫃的號碼記好，然後關上門，馬上把手環拿去感應器嗶一下門就鎖上了，而且感應器旁也會顯示置物櫃的號碼。感應器的位置就在整片置物櫃牆的中間，很好找，不然你看別人去嗶也知道位置。如果你要開置物櫃，再去嗶一下門就開了；只是鎖置物櫃前要先看一下有沒有別人也正要鎖，正要感應，以免誤鎖別人的置物櫃。

鎖好置物櫃後，請先前往沖澡區，要脫光全身沖澡，這是冰島泡溫泉前的禮貌動作；如果是女孩子，更要注意沖澡區有提供護髮乳，記得頭髮要塗護髮乳，不然溫泉水會讓頭髮乾燥、打結很嚴重；洗完後就可以走到溫泉區，下水去泡溫泉了。

現場提供的是白色的浴巾，因為大家浴巾都亂丟，所以最後你可能會找不到自己的浴巾，怕用到別人浴巾的話，最好帶自己有顏色的浴巾；另外我娘從更衣室到溫泉區還穿著她的名牌涼鞋，回來時就不見了，所以建議拖鞋、涼鞋就放在更衣室外就好，別穿到溫泉區了。

如果沒有相機或手機的防水盒又想拍照的話，那就像我一樣去蒸氣室、烤箱弄到全身發熱，趕緊上岸擦乾身體後到更衣室置物箱拿相機，再衝回來溫泉區拍照，天氣很冷的話，撐個 3 ～ 5 分鐘應該都還可以，如果真的超怕冷，那就等最後泡完溫泉洗完澡穿好衣服，再帶著相機到溫泉區拍照了；基本上溫泉區都可以拍照，所以大方拍都沒問題，只是要當心相機別掉進水裡。

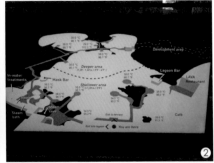

最後，有些人可能會帶著行李到 Blue Lagoon，想要泡完溫泉就直接搭飛機回家，如果是大件行李的話，入口有行李寄放處，一件行李收費大約 4 歐元；比較小的隨身行李就可以帶進去一起放在儲物櫃內，只是空間也不大就是了。

溫泉溫度稍低，各種設施完善

2016 年跟我同行前往的爹娘、阿姨、阿伯們其實不太喜歡 Blue Lagoon，因為水溫對他們來說太冷了，34 ～ 36 度的水溫加上戶外寒冷的天氣，讓他們覺得溫度太低。我想對習慣泡溫泉的台灣人來說，這水溫是有點冷，不過溫泉的範圍很大，其實裡面有很多個出水口，所以有些地方會特別熱，有些會比較涼，可以自己到處找找看；但是對西方人來說，這種水溫就剛剛好，他們覺得溫泉就是要這種微溫的狀態；再者，台灣泡溫泉一般強調促進血液循環讓你身體發熱，但是 Blue Lagoon 藍湖溫泉沒有這樣的效果。

溫泉區的面積非常大，建議到處走到處看看，水溫跟深淺度也都會有變化，設施方面有蒸氣室、烤箱、按摩瀑布、石洞蒸氣室、面膜吧、飲料吧等；水深的部分，大部分的地區深度都在 0.8 ～ 1.2 公尺之間，但也有特別深的地方，最深到 1.4 公尺。

① 入口行李寄放處 ② 進入溫泉池前的大廳有電視顯示各區域的即時水溫 ③ 面膜吧很受歡迎

❸

特別推薦，面膜吧與飲料吧

　　這裡一旁的面膜吧，有 Silica Mud 矽泥可以無限取用，幾乎每個人都會塗在臉上及上半身做皮膚去角質、美白，大概抹個 10 ～ 15 分鐘後就可以洗掉了；購買超值套票以上的人還有 Algae Mask 海藻面膜，這個就要跟面膜吧的服務人員洽詢，把你的電子手環給他們掃描一下就可以了。

　　溫泉區的飲料吧有賣各種含酒精或不含酒精的飲料，每個人可免費享用一杯飲料；含酒精或不含酒精的任何價位都可以，你只要點好飲料，把入場時收到的電子手環拿給他們掃描即可。如果已經喝完免費的飲料想再續杯，同樣是直接點飲料後掃描手環，最後出場時再結帳付錢。溫泉區的室內有個輕食販賣部，有著簡單的三明治、飲料、點心，肚子餓了可以在那裏買食物，結帳同樣是掃描手環。

　　泡溫泉時間沒有限制，你可以泡到關門都行；泡完回到更衣室要先沖洗，畢竟溫泉水是海水；更衣室的淋浴間是沒有門的，裡面有免費提供洗髮精、沐浴乳、化妝棉和吹風機，潤髮乳建議自己帶。沖洗完走到一樓入口處就有結帳櫃台，如果你沒有額外消費，可跳過結帳櫃檯直接往出口，把手環丟進出口閘門的小盒子裡，就可以出去了；有額外消費的話，要先把手環交給結帳人員完成付款再出去。出口外有餐飲販賣部與紀念品販賣部，除了一般的紀念品，這裡還有各種他家自己製作的各種 SPA 保養品，但價位可是一等一的高貴啊！

Blue Lagoon 的景色獨特而美麗，所以我個人很推薦白天的時候前往，有些人可能想在晚上看極光，由於晚上黑壓壓的看不到啥景色，如果那晚又剛好陰天，你連極光都看不到，所以我還是推薦在日落之前前往，可以大概看一下白天的景色。

Blue Lagoon 藍湖交通詳解

Blue Lagoon 位於冰島的西南方，距離國際機場 23 公里，距離首都 Reykjavík 47 公里，相關的交通工具及時間說明如下：

計程車：由國際機場過去大概 20 分鐘的車程，費用大約 8,000 KR（約新台幣 1,976 元），從首都過去的話大約 50 分鐘車程，價錢大約是 16,000 ～ 20,000 KR（約新台幣 3,952 ～ 4,940 元），冰島計程車是跳錶的，只是從機場出發前往 Blue Lagoon 就是固定費率。

開車：由國際機場過去大概只要 20 分鐘的車程，從首都過去的話大約 50 分鐘車程。

搭巴士：由國際機場出發到藍湖約 30 分鐘，由首都 Reykjavík 出發到 Blue Lagoon 約 45 分鐘。

① 飲料吧就在溫泉裡 ② 洞穴蒸氣室 ③ 蒸氣室與烤箱 ④ 水療設備

Reykjavik Excursion 公司的 Flybus

可直接上網預訂車票或者現場購買，來回票是 3,999KR，也有跟 Blue Lagoon 入場券一起買的套裝，但是價錢不會比較便宜。

班次如下：

- Reykjavík 出發前往 Blue Lagoon：早上 7：00 開始到 19：00，每小時一班。
- 國際機場出發前往 Blue Lagoon：早上 7：30 第一班，16：30 最後一班，一天有 5 班車
- Blue Lagoon 前往國際機場：中午 12：00 第一班，17：00 最後一班，一天有 4 班車
- Blue Lagoon 前往 Reykjavík：早上 11：15 開始到 22：15 最後一班，每小時開出一班車，詳細的時間表請上官網查詢。

如果是在官網預定車票，出發地一定是 Reykjavík，官網上訂購網頁有許多住宿與集合點的選項，如果你住宿的旅館沒有在官網的清單內，那就選擇距離住宿最近的集合點前往集合。回程你可以選擇到國際機場或者是 Reykjavík 市區的 BSI 車站，且你不用先預定搭哪班時間的巴士，這樣可以泡到你高興再回。如果是要從國際機場直接過去 Blue Lagoon 的話，線上訂票沒有這個選項，所以你可以抵達機場後再買，不用訂票沒關係，不大有機會客滿。

BusTravel Iceland 公司

BusTravel Iceland 公司也有相同的路線，單程票 2,750 KR。

班次表：

- Reykjavík 出發前往 Blue Lagoon：早上 8：00 開始到 19：00 最後一班，每整點開出一班車
- 國際機場出發前往 Blue Lagoon：11：30、15：30、16：30，共 3 班車
- Blue Lagoon 前往國際機場：9：25、12：10、13：40、15：10、16：40，共 5 班
- Blue Lagoon 前往 Reykjavík：9：15 開始到 22：15 最後一班，每小時開出一班車。

官網預訂車票可以選擇從國際機場或 Reykjavík 出發，回程也可選擇到國際機場或者是 Reykjavík 市區的 BSI 車站，且不用先預定搭哪個時間的巴士，這樣可以泡湯泡到

你高興再回。官網上訂購網頁去、回程在 Reykjavík 市區都有許多住宿與集合點的選項，如果你住宿的旅館沒有在官網列的清單內，那就選擇距離住宿最近的集合點前往集合。Gray Line 公司也是經營相同的路線，不過官網上只有賣巴士票加 Blue Lagoon 的套票，但想單買車票應該也是可以，只是要到機場櫃檯現場買就是了。

▲ 機場有巴士直接到 Blue Lagoon

INFO

Blue Lagoon 藍湖

🏠 Norðurljósavegur 9, 240 Grindavík

📍 63.881363, -22.453115

🕐 Reykjavík 雷克雅維克至 BlueLagoon 藍湖 50 公里，開車 40 分鐘
國際機場至 Blue Lagoon 藍湖 23 公里，開車 20 分鐘

📞 +354 420 8800

🕐 1 月 1 日至 5 月 25 日 08：00 ～ 22：00
5 月 26 日至 6 月 29 日 07：00 ～ 23：00
6 月 30 日至 8 月 20 日 07：00 ～ 00：00
8 月 21 日至 10 月 1 日 08：00 ～ 22：00
10 月 2 日至 12 月 31 日 08：00 ～ 21：00

🈚 無

🌐 http://www.bluelagoon.com/

💲 舒適套票 6,990 KR、超值套票 9,900 KR、奢華套票 79,000 KR（2 人）
2 到 13 歲免費，2 歲以下禁止入場

💳 可

其他

Reykjavik Excursion
🌐 https://www.re.is/day-tours/blue-lagoon-no-entry

BusTravel Iceland
🌐 https://bustravel.is/transfers/blue-lagoon-transfer/blue-lagoon-transfer

＊冰島克朗：新台幣匯率為 1：0.247

天然奇景之旅正要精采

火山景觀揭開序幕

前面介紹了冰島最有名的景點 Blue Lagoon 藍湖，周邊還有不少的景點，排在一起正好可以玩上一整天，適合旅遊時間長不趕行程的旅人。這些景點就如同餐前小菜，對於後面的景點有開胃效果，味道不重能帶你循序漸進地揭曉冰島之旅，但如果你把它排到最行程的最後，那就會顯得淡而無味了。

Reykjavik 雷克雅維克及 Blue Lagoon 都位於 Reykjanes 半島，整個半島其實是在太平洋中脊裂縫帶上，換言之這裡就是北美與歐洲版塊交界處，伴隨而來的就是火山多、地熱多、地震也多，因此 Reykjanes 半島的景點大多與火山、地熱有關。

08 Kleifarvatn 湖 平靜湖面下暗潮洶湧

由首都 Reykjavík 出發，第一個景點 Kleifarvatn 是 Reykjanes 半島上最大的湖泊，有 10 平方公里之大，97 公尺深，有趣的是既看不到有河水流進湖裡，也看不到河流將湖水帶出去，但是這座湖卻持續地縮小中。這一切都在湖面下偷偷地進行，湖水的進出都在地底下，西元 2000 年發生的大地震讓湖底裂開後，使得湖水流失的速度大於補充的速度，到目前為止湖面已經縮小了 20%，冰島精靈們再不想辦法將湖底裂縫補起來，有天他們就沒法在湖裡洗澡了！

① Kleifarvatn 就在公路旁　② Kleifarvatn 湖沒有河水流入或流出

❷

INFO

📍 63.93002, -21.99448
🕐 首都 Reykjavík 雷克雅維克至 Kleifarvatn 湖 30 公里，開車 40 分鐘

08 Krýsuvík Seltún 地熱區　　　　　　三色土壤瀰漫滾燙硫磺味

　　看過 Kleifarvatn 湖繼續往南開，不到 10 分鐘就會抵達 Krýsuvík Seltún，類似的地熱區台灣也有，但遠比不上這邊的活躍。因為地熱的關係，這裡的土壤呈現明亮的黃色、紅色和綠色色調，空氣中瀰漫著硫磺味，還有灰色的泥漿源源不絕地冒著泡泡，另一頭滾燙的溫泉水匯流成河，如果能帶個雞蛋來煮溫泉蛋就再完美不過了！

① Krýsuvík Seltún 地熱區土壤呈現明亮的黃色、紅色和綠色色調
② 灰色的泥漿源源不斷地冒著泡泡

INFO

📍 63.89572, -22.0524
🚗 Kleifarvatn 湖至 Krýsuvík Seltún 地熱區 5 公里，開車 10 分鐘

09 Brimketill
海水造就的天然水池

開車全依賴導航機也不是件好事，這個位於海岸邊的景點在我第一次造訪冰島時，導航機指了條現實世界不存在的路，所以就一整個沒找到。第二趟的冰島行導航機還是繼續錯亂，只能慢慢地開慢慢地看路標，這才發現 GPS 座標是正確的，但導航上面的路也許是冰島精靈才看得到，跟著導航機到附近時，再找看看路標，跟著路標走就好。

Brimketill 為一座天然水池，是由海水裡挖出來的，很難想像海水每天拍打著海岸，拍著拍著竟然也能挖出一池圓形的水池。根據科學家解釋，這一帶的石頭都是由岩漿所形成，石頭多裂縫，當海水衝擊時除了會侵蝕石頭，海水退去時也會在裂縫內造成負壓力，加快石頭的崩裂，久而久之就形成了現在的水池。

巨人忘記回家

有一個似乎更可靠的說法，古早時代這裡曾經住著巨人一家，有一天女巨人 Oddný 出門去扛一隻鯨魚，回家路途上順便在 Brimketill 休息兼洗了個澡。可能是太享受而忘記時間，在她離開 Brimketill 沒幾步時，因為太陽升起，可憐的女巨人 Oddný 就這樣被陽光石化了（相傳巨人家族不能見到陽光，都是晚上活動）。石化後的 Oddný 矗立在 Brimketill 旁，隨著時間漸漸因風化消逝，爾後 Brimketill 就取名為 Oddný 水池。

◀ ▲ 很難想像海水每天拍打著海岸
也可以挖出一池圓形的水池

INFO 🚗

📍 63.81992, -22.60612

🕐 Krýsuvík Seltún 地熱區至 Brimketill 40 公里，開車 40 分鐘

Reykjanestá 在整個冰島的最西南端，這裡有一座小山 Valahnjúkur，你可以爬上去瞭望 Eldey 島及周邊的區域。這個區域在公元 1200 年左右，發生過火山噴發，地表布滿火山岩石，如果你對火山地形有興趣的話，可以看一下景點解説牌，上面會告訴你 Valahnjúkur 山丘由側面看，可以看到火山活動所形成的不同類型岩層。進入到 Reykjanestá 之前會先經過 Reykjanesvíti，這是一個站在小山上的燈塔，為冰島最古老的燈塔。

①

②

③

① Valahnjúkur 山丘由側面看，可以看到火山活動所形成的不同類型岩層
② 地表布滿火山岩石
③ Reykjanesvíti 燈塔

INFO 🚗

📍 63.81253, -22.71562
🕐 Brimketill 至 Valahnjúkur 9 公里，開車 10 分鐘

09 Gunnuhver 女鬼之泉　　　　女巫傳說繪聲繪影

距離 Reykjanesvíti 燈塔很近，事實上你遠遠地就能看到它冒著大量的白煙，現場還可以看到巨大的管線連結到附近發電廠，光是聽到巨大的蒸氣聲，和漫天的煙霧，彷彿是地底下所發出的怒吼聲，使人不寒而慄。

傳說 400 年前，這裡居住著一位被懷疑是女巫的老婦人 Gunna，在她去世之前，曾有一位法官來拜訪，並且和她起了爭執。Gunna 去世後，法官去參加葬禮，但隔天法官離奇死亡，死狀悽慘。此後 Gunna 的靈魂就一直騷擾著附近的居民，直到一位傳教士在此設下陷阱，設計女鬼掉入溫泉之中，從此命名為 Gunnuhver，意為 Gunna 的溫泉。

▲ 女鬼傳說

INFO 🚗
📍 63.81926, -22.68505
🕐 Valahnjúkur 至 Gunnuhver 2 公里，開車 5 分鐘

09 Bridge America – Europe 連結歐美的橋梁　　　體驗腳踩 2 大洲

前面講過冰島位於北美板塊與歐洲版塊交界處，冰島政府就選了一個小峽谷，在上面蓋了一座橋，一邊是北美洲，另一邊就是歐洲了。這座橋的峽谷還在以每年 2 公分的速度分離，所以 100 年後，這條橋就得加長 2 公尺，否則橋會垮下來。其實這是一個人造景點，象徵意義比較大，純粹是供人拍照，炫耀一下自己可以一腳踩在歐洲，另一腳踩在美洲。

①

②

① 連接歐美的橋梁
② 歐洲規矩 – 有橋就有愛情鎖

INFO 🚗
📍 63.86658, -22.67586
🕐 Gunnuhver 溫泉至歐美橋梁 8 公里，開車 15 分鐘

Golden Circle 南冰島黃金圈

人文、地理、自然景觀一日遊

除了 Blue Lagoon 藍湖，Golden Circle 是另一個來冰島旅遊必走的行程，它是一條無敵熱門的南冰島旅遊路線，包含了 Pingvellir National Park 辛格維爾國家公園、Geysir and Strokkur 蓋錫爾噴泉地熱區和 Gullfoss 黃金瀑布 3 個景點，這 3 個景點包含了冰島的特色：歷史人文、板塊運動、地熱與瀑布景觀，是冰島必遊路線沒錯啊！

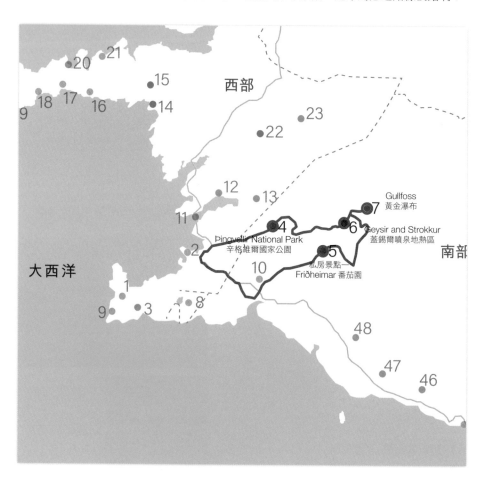

自駕或跟團都方便

由首都 Reykjavík 雷克雅維克開車出發，到最近的景點 Þingvellir National Park 的路程大約 45 公里，時間約 45 分鐘；到 Geysir and Strokkur 的路程大約 60 公里，時間約 50 分鐘；到 Gullfoss 的路程大約 9.5 公里，時間 10 分鐘；最後開回 Reykjavík 路程約 120 公里，時間 1 小時 40 分鐘。依照我 2 次冰島旅遊的經驗，一天內跑完 3 個景點很輕鬆，全程大概 5 ～ 6 小時就可以走完了。

如果是參加旅行團，網路上也有一堆旅行社可以報名參加，金圈行程的選擇性很多，有基本的金圈一日遊，也有金圈搭配泡溫泉、騎馬、雪地摩托車、藍湖、浮潛、火山口等多元行程；金圈一日遊的費用大約是 10,000KR（約新台幣 2,539 元），費用包含導遊費加車資，時間大約 8 小時，午餐時間會在某地停留讓遊客自費用餐。參團最大的好處就是有專業的導遊講解，但要提醒的是，導遊講解是使用英文。

① Gullfoss 黃金瀑布
② Þingvellir National Park 辛格維爾國家公園
③ Geysir and Strokkur 蓋錫爾噴泉地熱區

04　Þingvellir National Park 辛格維爾國家公園
到民主發源地潛水、看風景

　　冰島文「Þingvellir」的意思是「議會平原」，這裡不僅是冰島議會的發源地，也是世界最早的國會發源地，此民主發源地讓冰島人感到非常驕傲。西元 930 ～ 1789 年，Alþing 議會皆在此開會，冰島歷史上的大事也都在這裡決定、發生，因此冰島人把 Þingvellir 視為最重要的歷史遺跡，並且成立國家公園、申請世界文化遺產加以保護。

板塊分離的交界地

因為 Þingvellir National Park 位於歐亞大陸板塊與北美板塊上，站在 P1 停車場附近的觀景台，腳踩的是北美板塊，眼前凹地即是 2 個大陸板塊往反方向分離的交界。凹地的右邊是巨大的 Lake Thingvallavatn 議會湖；正前方則有 Thingvellir 教堂（可入內參觀）及 4 間小房子。

越過了凹地後對面凸起的平原就是歐亞大陸板塊了，歐亞大陸和北美板塊以每年2mm 的速度分離，千年以前冰島議會在此開議時，眼前的峽谷比現在窄了 2 公尺，再數千年後眼前凹地的凹陷加深，也會變成湖泊了。

①② 岩牆步道 ③ LÖGBERG（The Law Rock）- Alþing 議會便是在這塊巨石上舉行
④ Þingvellir National Park 辛格維爾國家公園瀑布

INFO

Þingvellir National Park 辛格維爾國家公園

📍 64.255670, -21.130436 　　　　　　　📞 +354 510 1000

🕐 24 小時 　　　　　　　　　　　　　　🖼 無

🌐 http://www.thingvellir.is/english.aspx

💲 免門票，但要收停車費，每次 500KR 　　🈺 可

其他
📍 P1 停車場：64.255670, -21.130436
📍 P2 停車場：64.264757, -21.114602
📍 P5 停車場：64.255588, -21.124607　　　＊冰島克朗：新台幣匯率為 1：0.247

在大裂縫裏潛水

離開觀景台順著步道往下走，不久後就會看到一處立著冰島國旗的小草地，這便是 LÖGBERG（The Law Rock）法律石，當時的 Alþing 議會便是在這塊巨石上開會。繼續沿著石牆向北走大約 100 公尺會看到一處小瀑布及 Drekkingarhylur 池塘，池塘清澈、瀑布優美；早期這裡是執行死刑的場地，女性死刑犯被丟入池塘內淹死。繼續往北走一公里就會抵達 Öxarárfoss 瀑布，是一處絕佳的拍照的景點。

① 收費機直接刷信用卡買停車票，費用 500KR（約新台幣 127 元）
② 腳踩在北美板塊上，對面凸起的平原是歐亞大陸板塊
③ 眼前的凹地是兩個大陸板塊分離的交界

除了以上的景點外，還可以在 Lake Thingvallavatn 內的 Silfra 史費拉大裂縫潛水，這處水下景點特別的地方在於景點左邊是歐洲、右邊是美洲，你可以優游於歐、美之間；由於在清澈的湖水內能見度超高，潛水時，感覺就像飛在半空中一樣，是非常特別的體驗。但要潛水須參加旅行團，費用也還蠻高的。

冰島小常識

開車抵達 Þingvellir National Park 後，可選擇 P1、P2 或 P5 停車場；P1 較接近遊客中心及景觀台；P2 則是距離 LÖGBERG（The Law Rock）法律石及 Öxarárfoss 瀑布較近；停 P5 的話，就適合去參觀 Þingvallakirkja - Þingvellir church 教堂。

停車場設有收費機，刷信用卡購買停車票一次 500KR（約新台幣 127 元），可以從早上 9 點停到晚上 8 點，其餘時段停車皆為免費；進入園區後，要將票券放在車內擋風玻璃下供現場人員檢查並開單據，由於收費機刷卡操作不穩定且不接受現金，如果現場剛好有售票員，可直接跟售票員購買。一張票就可以停一整天，且 3 個停車場都可以使用。

❸

私房景點──Friðheimar 番茄園　　　　　　　綠色能源、有機番茄

　　由 Þingvellir National Park 前往 Geysir and Strokkur 的路上，冰島好友 Maria 向我推薦了由她好友開的 Friðheimar。在寒冷的冰島很難種植食物，番茄園的主人利用冰島豐富的地熱資源蓋了這間地熱溫室，整個溫室的電源及日照都是由地熱發電。

　　更令人驚奇的是，由於冰島沒有蜜蜂可以傳授花粉，番茄園的主人就從歐洲大陸引進蜜蜂養在溫室裡，專門替番茄授粉，還另外飼養番茄害蟲的天敵來除蟲。天然有機的番茄，種植過程完全不使用農藥。

有機番茄伴手禮

　　Friðheimar 裏設有餐廳可以用餐，也可以在官網上預約番茄園導覽。現場也有販賣新鮮番茄及番茄製品，像是番茄果醬、番茄汁、烤肉醬、甜點醬等。官網上有提醒，建議至餐廳前先預約，團體導覽也需要預約。第一次到 Friðheimar 是冰島好友 Maria 帶我們進去，後來 2 次都是自行開車到番茄園直接詢問工作人員後進入參觀，還順便買了果醬送朋友，朋友吃過都說讚，之後遊玩黃金圈也都會前去購買，推薦給大家！

① Friðheimar 番茄園的有機番茄伴手禮
② 綠能溫室番茄園

INFO

🕐 Þingvellir National Park 辛格維爾國家公園至 Friðheimar 番茄園 60 公里，開車 1 小時；Friðheimar 番茄園至 Geysir and Strokkur 蓋錫爾噴泉地熱區 26 公里，開車 25 分鐘

📍 64.17749, -20.44491

📞 +354 486 8894

🕐 12：00 ～ 16：00

📅 12 月 24 日、12 月 25 日、12 月 31 日、1 月 1 日

🌐 https://fridheimar.is/en

💲 免門票

06 Geysir and Strokkur 蓋錫爾噴泉地熱區　曾經最活躍的間歇泉

冰島的地熱區景點不少，但 Geysir and Strokkur 是唯一有間歇噴泉的地方，可説是冰島不能不看的景點。1,000 多年前，這個區域的地熱活動開始活躍，西元 1294 年，有紀錄指出當年的地震讓這個區域有了新的間歇噴發泉。

可惜的是 Geysir 後來在西元 1935 年停止噴發了，西元 2000 年因為地震又再次噴發，但是現在又停止了，所以現在大家改去看這個仍然在噴發的間歇泉——Strokkur。冰島文「Strokkur」是「攪拌」的意思，每 6 ～ 8 分鐘噴發一次，噴發的高度大約是 7 ～ 14 層樓高，所有人都會圍著它，捕捉噴發的瞬間；對我來說，第一次親眼看到間歇泉噴發還真是覺得震撼，溫泉先是整個向地底下倒吸，一秒鐘的時間，一顆巨大的氣泡冒出地表直衝天際，大家一陣驚呼聲後噴發表演也跟著結束了，腦中卻仍然享受著剛剛的震撼景觀，實在過癮。

INFO

🕐 Þingvellir National Park 辛格維爾國家公園至 Geysir and Strokkur 蓋錫爾噴泉地熱區 60 公里，開車 1 小時

📍 64.3127, -20.30054

🕐 24 小時

🅿 無

💲 免門票

①② Geysir and Strokkur 蓋錫爾噴泉地熱區
③ Strokkur 間歇泉準備噴發
④ Strokkur 間歇泉噴發引起一陣驚呼

冰島小常識

Geysir 在冰島語是噴出、湧出的意思。早期英國人登陸冰島看到 Geysir 後，把 Geysir 這個冰島語名詞帶回英國，演變成今日的英語名詞「Geyser」（中文：間歇泉）。

07 Gullfoss 黃金瀑布 冰島的第二大瀑布

Gullfoss 距離 Geysir and Strokkur 蓋錫爾噴泉地熱區只有 10 分鐘的車程，抵達後，有 2 個停車場可以選擇，一個位置較高，旁邊就是餐廳與紀念品店；另一個位置較低，比較靠近瀑布。如果看到黃金瀑布停車場標誌，位置會較低；另一個停車場則要繼續向前開約半分鐘才會抵達。位置較高的停車場，下車後走一小段路有看瀑布的景觀台，因地勢較高，可以有比較好的拍照角度，但還是要走步道下去到位置較低的停車場，沿著參觀路線去觀看瀑布，所以參觀路線是一樣的。

Gullfoss 因為水色在陽光的照耀下，會反射出金黃色的耀眼光芒而被命名，它是 2 階式的瀑布，第一階高度 11 公尺，第二階高度 21 公尺，整個地形從瀑布開始被切出一個寬 20 公尺長 2.5 公里的深谷，瀑布夏天豐水期平均水量是每秒 140 立方公尺，是冰島的第二大瀑布（第一大是 Dettifoss 黛提瀑布）。

瀑布的旁邊有參觀的小路，可以沿著走到瀑布的旁邊拍照，只是由於水流量大且落差高，一路上有幾個地方會是水氣瀰漫的狀態，前來參觀的話最好穿防水外套，而且地上也因為潮濕顯得有些濕滑，抓地力比較好的鞋子會更適合。整個瀑布至少可以從 3、4 個地方去取景拍照，所以停留的時間會比較長一些，我想預留一小時是需要的。

❶

當地的特色羊肉湯

　　有蠻多人推薦 Gullfoss 餐廳的羊肉湯，雖然一碗要價 1,950KR（約新台幣 570 元）非常昂貴，但不少人都說好吃，重點是還可以無限續湯，但據說後來餐廳終止續湯活動後又恢復活動，建議消費前先問店家。而且喝湯還有送麵包，如果中午時間用餐就可以點碗羊肉湯配麵包。

INFO

🕐 Geysir and Strokkur 蓋錫爾噴泉地熱區至 Gullfoss 黃金瀑布 10 公里，開車 10 分鐘

📍 64.32741, -20.12111

📞 +354 486 6500

🕐 24 小時

🅿 無

🌐 http://gullfoss.is/

💲 免門票

① 蛋糕般的黃金瀑布　② 黃金瀑布旁有紀念品店及餐廳　③ 近看瀑布氣勢磅礡

Chapter03

北上
環遊冰島

很建議以環島的方式旅遊冰島，自己以順時針、逆時針環島過，兩相比較起來順時針是驚奇不斷的玩法，因此建議一路向北。第一站先穿越 Hvalfjörður Tunnel 海底隧道，飽覽 Hvalfjörður 峽灣美景後抵達私房景點 Glymur 瀑布，這可是座超美的瀑布，而且冰島最高的瀑布，人煙比較稀少也需要爬山，但是美景絕對值得。

啤酒 SPA、海底隧道、鑽石圈，
經典景點一次飽覽

接著再花個 1、2 天的時間飽覽 Snaefellsnes Peninsula 斯奈山半島壯闊的景色，看看火山口、柱狀玄武岩等奇幻地景以及海豹等等後，便可以開始往東移動一路開往米湖，光是這幾個點就夠你玩上 5、6 天以上了。

驚奇美景北部公路壯遊
飽覽海底隧道、峽灣景色、瀑布祕境

離開首都後，沿著 1 號公路往北走開進海底，穿過 Hvalfjörður Tunnel 海底隧道，離開隧道後就是 Hvalfjörður 峽灣，接著再轉 47 號公路前往 Glymur 瀑布，這裡不是熱門景點，卻是我認為冰島瀑布中最美的一個，為了 Glymur 瀑布你得多花一天的時間在這個景點，但請相信我絕對值回票價。

11　Hvalfjörður Tunnel 海底隧道
隧道「深度」體驗，沿途峽灣美景看不厭

　　一路上沿著一號公路向北走，大約半個多小時就可以抵達 Hvalfjörður Tunnel，後續要前往 Glymur 瀑布的人可以不用進入隧道直接走 47 號公路，後面玩完 Glymur 瀑布後繼續走 47 號公路接回一號公路，都不會走回頭路，但是也無緣進入海底隧道一探究竟。因此建議就直接進入海底隧道繼續往北走 1 號公路，後面又會接上 47 號公路前往 Glymur 瀑布，回程再走原路 47 號回來接 1 號公路，美麗的峽灣多走一遍也無妨。

Hvalfjörður Tunnel 海底隧道是冰島唯一收費的路段 ▶

深達數百公尺的峽灣

　　Hvalfjörður Tunnel 不是什麼景點，只是它有點特別，特別在這是全冰島唯一一處公路收費處，也特別在這種峽灣海底隧道的地理特色。因為冰河鑿刻的關係，使得峽灣深度可達數百公尺，一般河流的深度也才幾十公尺而已，所以我們很難想像峽灣水面下仍有如此大的深度，不過當你進入 Hvalfjörður Tunnel 後就可以體驗了，隧道總長度5,770 公尺，一進入隧道就以 7% 左右極陡的坡度一路向下開，到了約 3 公里處，抵達最深深度海平面下 165 公尺，馬上又以 7% 的坡度往上開約 3 公里出隧道，是很特別的體驗。

　　如果是由首都 Reykjavík 雷克雅維克往北開，出隧道時有收費站，此時會分成 2 個車道，一是外車道，供裝有 e-tag 的車輛通行；內側車道則是供租車族行駛，可刷卡或現金付費。付費標準摩托車為 200KR（約新台幣 50 元），汽車則以車長訂價。如果非常不幸開到外車道無法付費，請打電話給 Hvalfjörður Tunnel 管理公司，告知通過收費口的時間，管理公司會在電話中以信用卡刷卡方式收費；或者也可以在上班時間到收費站附近有管理公司辦公室的 Akranes 阿克拉內斯小鎮，直接繳費。

INFO

🏠 Kirkjubraut 28, 300 Akranes

🕐 首都 Reykjavík 雷克雅維克至 Hvalfjörður Tunnel 海底隧道 35 公里，開車 30 分鐘

📞 +354 431 5900

🕐 週一至週四 8：00 ～ 16：00（12：00 ～ 12：30 休息）
　　週五 8：00 ～ 15：00（12：00 ～ 12：30 休息）

🗓 週六、日

🌐 https://spolur.is/

💲 摩托車 200KR
　　車長 6 公尺以下 1,000KR、車長 6 到 8 公尺收 1,300KR、車長 8 到 12 公尺收
　　2,500KR、車長超過 12 公尺收 3,400KR

🅿 可

　　　　　　　　　　　　　　　　　　　　　　＊冰島克朗：新台幣匯率為 1：0.247

12 Hvalfjörður 峽灣

順時針環島初遇美麗峽灣

① U 字型的 Hvalfjörður 峽灣
② 沿著峽灣走 47 號公路景色優美

　　海底隧道就在 Hvalfjörður 峽灣口，所以穿過海底隧道後走 1 號公路，若安排前往 Glymur 瀑布就會轉 47 號公路沿著 Hvalfjörður 前進，途中會經過一些零星分布的小房子，如以順時針的方向環島，這會是你第一個看到的峽灣，風景非常美麗，沿路有好幾個地方值得停下車來拍拍照，只是車子一定要停在適合的地方，路肩狹窄的地方千萬別停車，容易造成後方追撞事故。

冰島小常識

峽灣是由冰河所形成的地形，冰河因為本身的重量而由高山往大海滑動，移動的過程會磨蝕山壁，也會刻鑿河谷，使得河谷呈現 U 字形，且深度可達數百公尺。接近海岸的地方會因為河谷寬闊且深度極深使得海水倒灌，看起來像淡水的河流，其實一整個都是海水，有時甚至可以深入內陸達數十公里，這就稱為峽灣。

　　它是一處亞洲人很少拜訪的景點,一方面是比較少人介紹,另一方面它又是吃力的爬山景點,來回要花上 3～4 小時,也就是半天以上的時間,再加上前來 Glymur 要特別拐個彎,路線上與其他景點並不順路;所以如果安排了 Glymur,光車程大概就要 6～7 小時,剩下的時間你只能再安排一個順路去旅館的景點而已。

　　Glymur 是冰島最高的瀑布,瀑布高度 198 公尺,也是我個人認為冰島眾多瀑布中最美的一個,只是要爬得很辛苦,再加上整段路線都無法看到瀑布的全貌,必須爬到不同的高度從不同角度觀看,才能感受它忽隱忽現的美。路標地圖上的 4、5 兩個觀景點是最美的部分,體力不支者再繼續往上爬也不會看到更讓人驚豔的景色了。

　　由停車場開始走到洞穴前大約半個多小時 1.7 公里左右,這段路大致平坦,接下來就要往下走進河谷,一路來到河邊獨木橋。我來過 2 次,一次可以穿鞋過獨木橋,另一次水比較多就得涉水了,河水冰到邊走腳邊痛得不得了,還好瀑布夠美,不然我一定把橋給踹斷(應該是腳先斷)。

　　過橋後就是陡上坡了，沿途還蠻辛苦的，也有一點點危險性，但是小心走都沒太大問題，大概爬半個多小時就可以抵達第一個景觀台，再多爬 5 分鐘就可以抵達第二個景觀台，接下來再往上爬 20 ～ 30 分鐘就可以抵達第三、四景觀台。我非常推薦這個爬山的行程，只是要有足夠的時間就是了。

　　通常爬完整個行程回到停車場就餓到不行了，如果這時候你有鍋子、爐子等煮飯工具，煮碗麵就可以立刻享受如天堂的滋味，這可不是冰冷三明治可以帶給你的幸福感啊！

① Glymur 瀑布健行路線
② 路標地圖
③ 幸運的人還能穿鞋過獨木橋
④ 居高臨下可以看到整個 Hvalfjörður 峽灣
⑤ 剛開始還看不到山谷後的瀑布
⑥ 終於看到瀑布了！

INFO

📍 64.38528, -21.29343
🕐 Hvalfjörður Tunnel 海底隧道至 Glymur 瀑布 40 公里，開車 35 分鐘

Snaefellsnes Peninsula
導遊也傾心的美麗景色
冰島縮影

Snaefellsnes Peninsula 有峽灣、冰河、地熱、漁村及火山等冰島的重要元素，故又有冰島縮影之稱。從事冰島導遊工作的冰島朋友 Maria，每年帶著世界各地的遊客環島無數次，Snaefellsnes Peninsula 的景色與氣氛讓她回味再三，因為她的極力推薦，讓我特別走遍了所有景點。

3 次的拜訪都是在雨中，這裡的遊客比起其他地方少了許多，空氣中彌漫著壯闊、蒼茫與孤寂的滋味，尤其站在制高點遠眺半島的景色，深藏在雲霧之中的火山、冰河地形之下，是覆蓋著火山熔岩一望無際的大地；熔岩抵達海邊後便化為奇形怪狀的岩岸，波濤洶湧的巨浪拍打著岩岸，一種對大自然的敬畏之情油然而生。冰島有許多點燃你澎湃激情的景點，但激情過後卻也沒留下深刻的印象；Snaefellsnes Peninsula 不是知名的景點，卻像一顆投入平靜湖中的小石頭，在我心裡泛起一圈圈的漣漪。

斯奈山半島的行程安排建議住上一晚，如果時間允許，住到 2 晚就更加完美了，以下介紹各個主要景點：

3 次拜訪斯奈山半島都在雨中 ▼

14 Eldborg 火山口　　　　私房行程遠離塵囂，農場賞星星極光

多火山的冰島自然有許多火山口，光是 Mývatn 米湖至少就有 2 個火山口規模比 Eldborg 大，且 Mývatn 的火山口都很容易抵達，地處偏遠的 Eldborg 也就被許多遊客給排除在外了。第一次的冰島旅行，導航機指示左轉，後來發現根本沒有路就直接放棄了，第二次則是找了 3 遍才發現步道入口，還特地入住 Snorrastadir Farm Holidays 農場，就是為了能親自走一趟 Eldborg 火山。

第三趟的冰島旅行還是再次入住 Snorrastadir Farm Holidays，一方面是 Eldborg 火山口獨特的魅力讓人念念不忘，另一方面是它遠離塵囂，且有一間間獨立的小木屋，木屋陽台還有熱水泡澡池，晚上可以泡澡看星星，甚至能看極光，而且房價又相對便宜。入住時曾被農場溫馴的冰島馬包圍，跟冰島馬零距離接觸是一次非常難忘的體驗。

① Eldborg 火山口
② 被溫馴的冰島馬包圍

獨享壯闊的景色

　　Eldborg 火山口高 60 公尺，直徑 200 公尺，50 公尺深，據官方記載，最後一次爆發是 5 ～ 6,000 年前。入口處位於 Snorrastadir Farm Holidays 的一座小橋邊，打開閘門後，只要沿著明顯的小路走就可以抵達，單程 2.5 公里，步行一個多小時；沿途大部分是平地，最後抵達火山口時才開始往上爬。也許是辛苦得來的果實比較甜美，爬上火山口的感動與美景，不是 Mývatn 火山口可以比擬，尤其是 Eldborg 火山口很難找、觀光客少，大多都不知道這個景點，只是遠遠望著。站在火山口上往外望，壯闊的景色杳無人煙，有種獨享這片美景的驕傲，是我個人很喜歡的一個景點。

INFO
📍 64.79576, -22.32187
🕐 Glymur 瀑布至 Eldborg 火山口 88 公里，開車 1 小時 20 分鐘
　　Reykjavík 雷克雅維克至 Eldborg 火山口 170 公里，開車 2 小時 30 分鐘

① 最後抵達火山口時才開始上爬
② 壯闊的景色但人煙稀少，有種獨自擁有這片美景的驕傲

15 Gerðuberg 柱狀玄武岩　　　　　　　首都教堂及音樂廳的靈感來源

一樣的柱狀玄武岩景觀在澎湖也有，感覺就像複製的一樣。由於玄武岩熔岩在地表冷卻收縮時產生張力，而沿著節理面龜裂成五角或六角柱狀。這種特殊的柱狀節理，也是首都 Hallgrimskirkja 教堂及 Harpa 音樂廳的設計靈感來源。

▲ Gerðuberg 柱狀玄武岩

INFO

📍 64.86089, -22.36078

🕐 Eldborg 火山口至 Gerðuberg 柱狀玄武岩 13 公里，開車 15 分鐘

16 Ytri Tunga 海豹棲息地　　　　　　　遇見海豹的幸運

▲ 2016 年有看到 2、3 隻海豹在海裡悠哉地玩著

Ytri Tunga 是一處私有土地，但仍可以自由進出，從停車場走一分鐘就到海邊，我曾造訪過 2 次，2016 年有看見 2、3 隻海豹在海裡悠哉玩耍，2017 年就沒看到，都是 9 月造訪卻有不同的結果，只能說運氣很重要。

INFO

📍 64.8038, -23.08134

🕐 Gerðuberg 柱狀玄武岩至 Ytri Tunga 海豹棲息地 40 公里，開車 30 分鐘

17 Búðakirkja 黑教堂　　　　　　　　　　純黑風格的古老木教堂

INFO 🚗
📍 64.82171, -23.38405
🕐 Ytri Tunga 海豹棲息地至 Búðakirkja
黑教堂 21 公里，開車 20 分鐘

◀ Búðakirkja 黑教堂

　　這座純黑的教堂位於一片荒野之中，它建於 1848 年，毀壞後又於 1987 年重建，是冰島最久的木教堂之一，也是冰島電影《雷克雅維克 101》的取景地。我會知道它，是因為冰島好友 Maria 推薦這裡的步道，沿著海岸走，單程少則 1、2 小時，多的話可以走 7、8 個小時抵達 Arnarstapi 阿爾納斯塔皮小鎮；Maria 很喜歡這條健行路線，可惜一般遊客時間不夠安排到這裡走走。

18 Arnarstapi 阿爾納斯塔皮小鎮　　黑色玄武岩海岸與巨人像 Bárður

　　Arnarstapi 在 18 世紀時因為漁業而興盛，但現在只剩下一些度假屋，來這裡主要是看海蝕岩岸。黑色玄武岩海岸被波濤洶湧的海浪無情地拍打著，崩落的石塊及聲響令人震撼。另外，步道口矗立了一尊巨人岩石像，他是傳說中巨人與人類的後代 Bárður，後來消失於 Snæfellsjökull Gacier 斯奈菲爾冰河，變成了精靈。

① 黑色玄武岩海岸被波濤洶湧的海浪無情地拍打著
② 巨人與人類的後代 Bárður

INFO 🚗
📍 64.76593, -23.62257
🕐 Búðakirkja 黑教堂至 Arnarstapi 阿爾納斯塔皮小鎮 20 公里，開車 20 分鐘

19 | Lóndrangar 奇岩 　　　　　　　　　　　玄武岩海岸尖塔

▲ Lóndrangar 奇岩

Lóndrangar 是由火山噴發所流出的玄武岩漫流至海邊後堆積，再經過海水及海風侵蝕風化所形成的海岸尖塔，2 座尖塔高 75 及 61 公尺，大約是 25 及 20 層樓高，遠看還有點像是座城堡。由停車場下車後大概要走 10 分鐘到海岸，景觀也很有可看性。

INFO

📍 64.737613, -23.775726
🕐 Arnarstapi 阿爾納斯塔皮小鎮
　至 Lóndrangar 奇岩 9 公里，
　開車 10 分鐘

19 | Gestastofa 斯奈山國家公園遊客中心 　　　　半島唯一免付費廁所

Gestastofa 遊客中心有免費的廁所！免費的！是免費的喔！會説 3 遍是因為冰島的廁所大多都要收費，而且一次約台幣 60 ～ 100 元，上個小號一個便當就沒有了，所以它是這趟旅程必停的景點之一。遊客中心旁邊有小桌子，所以每次來都會安排在這裡煮午餐，廁所也有水可以用，午餐後還可以走到海邊欣賞海岸奇岩及燈塔。

INFO

📍 64.73046, -23.80299
🕐 Lóndrangar 奇岩至 Gestastofa 斯奈山國家公園遊客中心 3 公里，開車 5 分鐘

▲ Vatnshellir Cave 火山岩洞

　　這是一處 2011 年才開放的景點，帶你到地下 35 公尺處探訪 8000 年前所形成的地下火山熔岩洞穴，只是進入要另外收費；每小時都會有一個梯次，有專門人員帶隊導覽，直接到現場報名即可，也可以事先上網預約報名。

INFO

📍 64.74781, -23.81797

🚗 Gestastofa 斯奈山國家公園遊客中心至 Vatnshellir Cave 火山岩洞 3 公里，開車 3 分鐘

🕐 5 月 15 日至 9 月 30 日 10：00 ～ 18：00
　　10 月 1 日至 5 月 14 日 11：00 ～ 15：00

🌐 http://www.summitguides.is/vatnshellir-cave-op1r6

💲 12 到 17 歲 1,000KR
　　8 歲以上 3,250KR
　　長者或學生 2,600KR
　　11 歲以下免費

＊冰島克朗：新台幣匯率為 1：0.247

19 **Dritvík - Djúpalónssandur 黑沙灘**　　　船體殘骸與圓石

　　1948 年 3 月 13 日一個強風暴雨的夜晚，英國拖網漁船 Epine GY 7 在此遇上巨浪擱淺，由於天氣太差、海象極糟，即使有救難隊趕來，19 個船員中還是只有 5 人生還。現在走在黑沙灘上，仍可以看到許多已經支解的船體小零件，為了表示尊重，請不要撿起零件把玩。

　　沙灘上還有大小不一的圓石，在漁業興盛的時代，漁民們會聚集在此藉由搬運這些石頭來證明自己的體力，體力差的可能就丟掉飯碗了。黑沙灘周圍依然被岩漿所包圍，在此形成各種奇形怪狀的岩石，穿梭在岩石間也頗有樂趣。

① 沙灘上的船體殘骸
② 漁民們藉由搬運這些石頭來證明自己的體力

INFO
📍 64.75358, -23.89513
🕐 Vatnshellir Cave 火山岩洞至 Dritvík-Djúpalónssandur 黑沙灘 6 公里，開車 7 分鐘

19 **Snæfellsjökull Glacier 斯奈菲爾冰河**　　　撥雲見火山傑作

　　去了 3 次斯奈山半島，Snæfellsjökull Gacier 斯奈菲爾冰河總是躲在雲層裡，我連它的樣子都沒有見過。冰河之下是斯奈菲爾火山，也是創造斯奈山半島各種奇異地形的始作俑者，所以還是得親眼去看看廬山真面目。這座冰河在進入斯奈山國家公園後就可看到，雖然可以走 F570 道路前往冰河區，但那是四輪驅動車才能走的路，而且保險不理賠，若沒有充分準備，建議別上山。

INFO
📍 64.80001, -23.78368

20 Kirkjufell 教堂山及瀑布　　　　　　　　　拍照攝影熱門地標

▲ Kirkjufell 教堂山及瀑布是斯奈山半島最熱門
的攝影地標

斯奈山半島最熱門的攝影地標，大多數的人都會前來同時拍攝教堂山瀑布及教堂山，所以無時無刻都會有一群攝影愛好者在瀑布旁拍照；網路上 Google 搜尋斯奈山半島，也多會看到教堂山、瀑布的照片，因為教堂山不適合攀爬，所以前來的目的就是拍照，把地標給帶回家。

INFO

📍 64.92616, -23.31144
🕐 Dritvík-Djúpalónssandur 黑沙灘至 Kirkjufell 教堂山及瀑布 57 公里，開車 1 小時

21 鯊魚博物館　　　　　　　　　　　　　　捕魚工具與勇氣的味道

　　Greenland Shark 小頭睡鯊又名格陵蘭鯊，生長在冰島及格陵蘭島的北大西洋海域，壽命可達 400 歲，身長可達 7 公尺，重量約 1,000 公斤，是早期冰島重要的漁獲之一；想像一下物資極度貧乏的冰島，光捕獲這樣一隻鯊魚就可以吃很久了，因此這當然是非常重要的資源。

　　鯊魚博物館展示了捕鯊及製作鯊魚肉的各種工具，連小漁船都有，而且還會讓你現場吃鯊魚肉摸鯊魚皮，只是格陵蘭鯊肉質內含有大量的胺，無法直接食用，要風乾好幾

個月後才能吃，雖然味道非常奇特難以入喉，卻是冰島人特愛的食物，尤其是逢年過節一定要吃，Maria 説雖然味道很糟，但許多冰島人喜歡是因為吃牠可以展現你無比的勇氣，很多人樂此不疲啊！

◀ 鯊魚博物館展示了捕鯊及製作鯊魚肉的各
種工具

尿的香甜滋味

為了採訪，當然也進去博物館參觀，最令人印象深刻的是比砂紙還厲害的鯊魚皮，拿來磨臉不只能去角質，甚至整張臉都可以換造型了。參觀的重頭戲是吃鯊魚肉，館方已經準備好切丁的鯊魚肉，傳統的吃法是搭配切丁的麵包一起吃，光是用聞的就嚇死你，滿滿的尿味，就像泡在尿裡 1,000 年，配麵包吃會較好入口，嚼到後來，會在濃厚的尿騷味中帶有一點淡淡的麵包香及甜味，讓你感受到尿的香甜滋味，很顯然坐在隔壁的英國正妹就很愛，一塊塊不停地送入口中。

鯊魚博物館的重點是吃鯊魚肉跟看風乾的鯊魚肉。風乾的鯊魚肉在博物館主建築的後面，只要循著尿味就可以找到，想品嘗廁所中的極品就得入館買門票，真心推薦給熱愛嘗鮮或自虐傾向者。

INFO

🏠 Bjarnarhöfn, Iceland

📍 64.9978, -22.9636

🕋 Kirkjufell 教堂山及瀑布至鯊魚博物館 26 公里，開車 30 分鐘

📞 +354 438 1581

🕐 09：00 ～ 18：00

🈳 無

🌐 http://www.bjarnarhofn.is/

💲 1,000KR

💳 可

＊冰島克朗：新台幣匯率為 1：0.247

① 吃牠可以展現你無比的勇氣
② 風乾的鯊魚肉

①

②

冰島小常識

比起一般的西方人，冰島人在吃的方面非常大膽，只要是食用動物，幾乎整隻嗑掉不留骨頭。舉凡羊臉、羊睪丸、馬肉等都是傳統菜，就連有致命危險、尿味極重的格陵蘭鯊也不放過。會有如此的傳統，是因為古代在極地氣候區生活條件非常嚴苛，植物種不起來，動物當然是能抓到就吃，那些堅持不吃羊睪丸的都餓死了，只有啥都吃的人才活得下來。

Akureyri 造訪沿途景點

火山、地熱、瀑布、海豹棲地

離開斯奈山半島向冰島第二大城 Akureyri 阿克雷里前進，沿途的景點很多，旅行時間較長者建議可多挑幾個景點，甚至在這個區域住一晚也不錯，我的 2 次冰島旅行都停留一晚，時間很充裕。由斯奈山半島出發，沿途的景點有 Deildartunguhve 地熱、Reykholt 雷克霍特、Hraunfossar 熔岩瀑布群與 Barnafoss 兒童瀑布、Havammstangi 華姆斯唐吉、Illugastadir、Hvítserkur Cliff、Borgarvirki、Glaumbær 及 Hólar 侯拉爾。

▲ Deildartunguhve 地熱

22　Deildartunguhve 地熱　　　　　　　　　　溫泉水與良心商店

　　冰島的地熱景點雖多，但很少會像 Deildartunguhve 那樣大量湧出波濤洶湧的溫泉水，它的泉溫接近 100 度，是全歐洲湧出量最大的溫泉，每秒湧出 180 公升的溫泉水，供應方圓 65 公里內的城鎮使用，即使透過管路送達 64 公里外的 Akranes 小鎮，泉水的溫度還是有 70 ～ 80 度！來 Deildartunguhve 除了看看溫泉水，還有一個吸睛的良心商店，裡面放了新鮮番茄與紅蘿蔔，一袋 300KR，自己投錢進去箱子即可，我每次來都一定會買。

INFO

📍 64.663671, -21.410203
🕐 鯊魚博物館至 Deildartunguhve 地熱 125 公里，開車 1 小時 40 分鐘

① 良心商店賣新鮮番茄與紅蘿蔔　② Deildartunguhve 地熱是全歐洲湧出量最大的溫泉

22 Reykholt 雷克霍特 歷史遺跡與詩人政治家故居

這個景點位於 Deildartunguhve 與 Hraunfossar 熔岩瀑布群之間，經過時可以順便停一下走走看看。Reykholt 是冰島非常有名的歷史遺跡，它是知名的詩人及政治家 Snorri Sturluson（西元 1206 ～ 1241 年）的故居，現在仍可看到農場、浴室及連接房子與浴池的地道。同時，Reykholt 也有一個 Snorrastofa 文化中心，提供歷史文物展示及相關導覽。

INFO

🏠 Hálsasveitavegur, 320 Reykholt

📍 64.665059, -21.291099

🕐 Deildartunguhve 地熱至 Reykholt 雷克霍特 7 公里，開車 10 分鐘

📞 +354 433 8000

🕐 5 月至 9 月 30 日每天 10：00 ～ 18：00
10 月 1 日至 4 月 30 日週一到週五 10：00
～ 17：00

🌐 http://www.snorrastofa.is/

💲 免費

冰島小常識

如同在台灣，有些政治話題很敏感。冰島曾經被丹麥統治過許久，如果對冰島人說「冰島是丹麥的一部分」可是會招致白眼的。

① Reykholt 雷克霍特 Snorrastofa 文化中心
② 冰島詩人及政治家 Snorri Sturluson 家的泡湯池

23　Hraunfossar 熔岩瀑布群與 Barnafoss 兒童瀑布　秀麗帶狀瀑布

　　冰島文「Hraun」翻成中文是「火山熔岩」的意思；「Fossar」則是「瀑布群」的意思，Hraunfossar 熔岩瀑布群是由於附近的火山爆發，流出岩漿在地表漫流，冷卻後伏流於地面下水源，到了這裡從熔岩孔隙中竄出，形成長達 900 公尺以上的帶狀瀑布，景色秀麗特殊，不同於冰島其他瀑布景觀。

　　冰島文「Barna」是「兒童」；「Foss」則是「瀑布」，Barnafoss 位在熔岩瀑布群往上游走一小段，傳說該地原本有座天然石拱橋，在古代的某個聖誕節，有一家庭父母外出留下 2 個小孩在家，當雙親回家時才發現孩子獨自外出而不幸墜落瀑布，傷心的母親為了避免憾事再次發生，就把拱橋拆了，瀑布因此得名 Barnafoss。瀑布上現在有鐵橋，防護措施也做得不錯，不過還是會有人跨越護欄拍照，也許哪天再有人失足，瀑布名稱又改名為 Sstfoss（Some Stupid Tourist Waterfall）。

① 熔岩孔隙中竄出形成長達 900 公尺的帶狀瀑布
② Barnafoss 兒童瀑布

INFO

📍 64.703632, -20.977514
🕐 Reykholt 雷克霍特至 Hraunfossar 熔岩瀑布群 19 公里，開車 15 分鐘

24 Havammstangi 華姆斯唐吉

海豹小鎮

　　Vatnsnes 半島是有名的海豹棲息地，在斯奈山半島也有海豹棲息地，只是前者名氣更響亮。Havammstangi 與 Illugastadir 位於 Vatnsnes 半島的西側，若時間允許，推薦從 1 號轉進 72 號公路前往 Havammstangi，接 711 公路前往 Illugastadir，再繼續環半島前往 Hvítserkur Cliff。這條碎石路人煙罕至，其實沿路的風光很不錯，據說還有機會看到游入峽灣的鯨魚。

　　Havammstangi 為海豹小鎮，鎮上有個 Icelandic Seal Centre 海豹博物館，博物館內有販售紀念品、咖啡、三明治等，也有海豹相關資訊及安排出海賞海豹的服務，最重要的是還有廁所可以上，光是廁所就值得一遊，也可詢問看海豹地點。不過如果已經知道地點，也對展示物品沒有興趣，只想親睹活生生的海豹，建議跳過海豹博物館，直接驅車前往 Illugastadir，從 Havammstangi 小鎮出發，往北沿著 711 公路開 27 公里，大約半小時的車程即可抵達。

① Icelandic Seal Centre 海豹博物館
② 形狀怪異的曬魚乾
③ Havammstangi 華姆斯唐吉小鎮海岸邊也可以
　看海豹

INFO

🏠 Brekkugötu 2, 530 Hvammstangi 　　　　📍 65.39527, -20.94767

🕐 Hraunfossar 熔岩瀑布群至 Havammstangi 華姆斯唐吉 145 公里，開車 1 小時 50 分鐘

📞 +354 451 2345

🕐 10 月 1 日至 4 月 30 日 10：00 ～ 15：00
　　5 月 1 日至 5 月 30 日 9：00 ～ 16：00
　　6 月 1 日至 8 月 31 日 9：00 ～ 19：00
　　9 月 1 日至 9 月 30 日 9：00 ～ 16：00

📷 無　　　　🌐 http://selasetur.is/en/

💲 17 歲以上每人 950 KR
　　12 到 16 歲 650 KR
　　成人陪同的 11 歲以下孩童免費　　　　📧 可
　　　　　　　　　　　　　　　＊冰島克朗：新台幣匯率為 1：0.247

25 Illugastadir 　　　　　　　　　　私人農場海豹棲息地

　　Illugastadir 是一處私人農場，也是半島西岸最有名的海豹棲息地，因為這裡有大型停車場，也有廁所（須投入 200KR 至收費箱），從停車場走到海岸邊約 5 分鐘。一天當中能看到海豹最好的時機是退潮前後 2 小時，退潮時間可上網查詢。

▲ 由停車場走到海岸邊約 5 分鐘

INFO

Illugastadir
📍 65.61004, -20.88357 　　　　　📞 +354 451 2345

🕐 Havammstangi 華姆斯唐吉至 Illugastadir 27 公里，開車 30 分鐘

🌐 http://www.ukho.gov.uk/EASYTIDE/EasyTide/ShowPrediction.aspx?PortID=0842A
&PredictionLength=1

其他
🌐 潮汐預測網站：http://www.ukho.gov.uk/EASYTIDE/EasyTide/ShowPrediction.aspx
?PortID=0842A&PredictionLength=1

26 Hvítserkur Cliff
孤獨的海蝕岩

① 沿岸搜尋海豹的蹤跡　② 遠處的彩虹與耶穌光　③ 壯闊的 Hvítserkur Cliff 景色

　　Hvítserkur Cliff 是 Vatnsnes 半島東岸有名的海豹棲息地，開車抵達停車場後，指標會顯示往右走看海豹，往左走則是前往 Hvítserkur Cliff。我們是前往右邊沿著路往下走到海灘邊看海豹。接著繼續沿海灘走到海蝕岩 Hvítserkur Cliff，就這樣一座孤伶伶地矗立在海面上，看起來像頭大象在喝水。附近的 Osar HI Hostel，是許多人推薦看海豹的最佳旅館，因為住在那裡，隨時出來走沒多遠就可看到。

INFO

📍 65.603661, -20.639928
🕐 Illugastadir 至 Hvítserkur cliff23 公里，開車 30 分鐘

▲ 孤伶伶的一頭象

27 Borgarvirki 天然火山岩石碉堡

① 眼界內幅員遼闊卻人煙稀少，有種身處火星的感覺 ② 每個景點都有簡易的解說牌
③ 地勢高使得它成為古代維京人一個防守的碉堡

　　這是個冷門卻深得我心的小景點，因為遊客少、視野好，當你站在最高點放眼望去，幅員遼闊杳無人煙，有種彷彿置身火星的感覺。Borgarvirki 是個火山栓，以前是座海底火山，噴發時，岩漿遇海水迅速冷卻而堵住火山口，地殼隆起後就變成現在的樣子。因地勢高，且岩石如圍牆圍繞四周成一圈，遂成為古代維京人防守的碉堡，年代可回推到西元 810～1030 年，可是一座古蹟啊！

INFO

📍 65.47491, -20.59741
🕐 Hvítserkur Cliff 至 Borgarvirki 18 公里，開車 25 分鐘

　　這 2 個地方都保存著古代冰島人的傳統草皮屋 turf-house，這些屋子都矮矮小小的，屋頂撲滿草皮，就像是半地下的房子；在冰島住這種房子很合理，半地下結構可以保暖，而且也比較耐得住冰島的強風，只是實際去看這些房屋，你可能會跟我一樣有很大的疑問，人高馬大的冰島人何以住在這麼小的屋子內？其實古代冰島人沒那麼高大，是現代冰島人吃得頭好壯壯的。

　　Glaumbær 有草皮屋及 2 間木造房屋，草皮屋代表的是自西元 800 年後的傳統冰島房子，木造房屋則是 19 世紀中葉後引進冰島，這些房子現在已成為歷史博物館。

① Glaumbær 草皮屋
② 皮草屋的內部擺設

INFO

🏠 Sauðárkróksbraut, 560 Sauðárkrókur

📍 65.61065, -19.5041

🕐 Borgarvirki 至 Glaumbær 105 公里，開車 1 小時 30 分鐘

📞 +354 453 6173

🕐 4 月 1 日至 5 月 19 日 10：00 ～ 16：00
5 月 20 日至 9 月 20 日 9：00 ～ 18：00
9 月 21 日至 10 月 20 日 10：00 ～ 16：00
10 月 21 日至 3 月 31 日預約才會開門

▦ 週六、日

🌐 http://www.glaumbaer.is/is/information

💲 18 歲以上每人 1,700KR
學生及團體票 1,500KR
17 歲以下免費

💳 可

＊冰島克朗：新台幣匯率為 1：0.247

Hólar 侯拉爾古鎮

Hólar 是冰島最有名的歷史小鎮，以前曾是北部的第一大城，後來被 Akureyri 阿克雷里給取代，它也因此曾是冰島的 2 個主教區之一。這個人口只有 100 人的小鎮，卻設有一所大學 Hólar University College。大學前身為農業學校，1881 年創立，由此可見小鎮在冰島歷史上的重要性。

小鎮規模不大，較多人去參觀的是教堂與 turf-house 草皮屋，這裡的草皮屋可免費入內，感覺就像是來到哈比人的小屋。小鎮內的教堂塔樓，為抵達後第一個看見的建築物，非常醒目且開放入內參觀。

① Hólar 侯拉爾草皮屋　② Hólar 侯拉爾是冰島最有名的歷史小鎮　③ 傳統冰島人的生活寫照

INFO

📍 65.73325, -19.11107
🕐 Glaumbær 至 Hólar 侯拉爾 46 公里，開車 40 分鐘

30

五星級啤酒 SPA
不可錯過

2017 年 6 月冰島北部的峽灣小鎮 Árskógssandur 開了北歐第一間啤酒 SPA，對我們來說或許啤酒浴還是很陌生的名詞，但是在捷克卻已經是行之有年，趁著二度造訪冰島的機會，順便體驗我人生中第一次的啤酒 SPA，而且很開心可以在我最愛的國家—冰島擁有這特別的體驗，我得說喜愛啤酒的人千萬別錯過，貴是貴了點（冰島沒有不貴的活動啊！）但美好的回憶無價！

享受不同的療「浴」方式

首先建議預約啤酒 SPA 的人要多留點時間，及多花 500KR 順便享受 Bjórböðin 的戶外熱水浴池（Outside hot tub），多一點點錢卻多很多享受與樂趣。戶外熱水浴池有 2 桶，每桶可以容納 8 ～ 10 人，需著泳裝，可以邊泡澡邊享受冰島無敵的雪山及峽灣美景，甚至點上一杯啤酒搭配，更是人生一大享受！除此之外，還有遠紅外線的烤箱及

啤酒筒狀的蒸汽室,就算是花個半天時間,享受戶外溫水浴也非常好。

　　Beer SPA的部分,Bjórböðin有7間獨立浴室,每間都是雙人的黃金柚木(Kambala wood)泡澡桶;泡澡前先在男、女分開的更衣室內更換店家提供的浴袍,可以先沖洗一下身體,也可以換完裝就直接進浴室泡澡,更衣室內有帶鎖的置物櫃,個人物品全部鎖在置物櫃即可;更衣室外有遠紅外線烤箱,也可以先進去享受一下,再前往泡澡。

①戶外熱水浴池(Outside hot tub)　②鮮釀啤酒(The young beer)裝滿了整個浴池

不喝啤酒也能來輕鬆一下

　　進到浴室時,Bjórböðin已經幫你準備好啤酒浴,浴池內的水包含了鮮釀啤酒(The young beer)、啤酒酵母(The brewers yeast)、啤酒花(The beer hops)及山泉水(fresh spring water)。根據Bjórböðin提供的說明,剛釀成的鮮釀啤酒(The young beer)PH值比較低,可以緊縮及柔化頭髮毛囊、清潔頭髮及皮膚;釀造過後的啤酒酵母(The brewers yeast)含有豐富的維他命B群,可以活化皮膚與頭髮;啤酒花(The beer hops)是很好的抗氧化劑,可以對抗皮膚問題,同時啤酒花的油脂及礦物質可以對皮膚產生消炎的效果,啤酒花也有柔化及放鬆身體肌肉的作用,並且對皮膚及頭髮都很好;冰島的天然山泉水(fresh spring water)無汙染且水質佳,直接飲用都行。由以上Bjórböðin的介紹可以知道啤酒浴對皮膚與頭髮最好,對愛美的女性來說,就算不愛喝啤酒,啤酒浴也很有吸引力。

暢飲潔淨水源釀造的啤酒

啤酒浴的泡澡時間是 25 分鐘，浴缸旁邊有簡單的橡木桶啤酒吧台，喝啤酒自己倒，這可是新鮮的生啤酒啊！第一次來冰島就已經對昂貴、但是口感很棒的瓶裝市售啤酒留下深刻印象。冰島擁有天然無汙染的潔淨水源，釀造出好喝的啤酒也只是剛剛好而已。冰島市售的本地啤酒我也喝過 4、5 種以上，沒想到 Bjórböðin 自家釀的啤酒又更好喝，當然生啤酒也加了很多分，只是能暢飲更加好喝的啤酒還真是讓我感到很驚訝。

浴室內的橡木桶啤酒吧台看起來很大，不過實際上也只有大概 2 杯多一些的量而已，我還以為是無限暢飲，那可就賺大了！不過重點是來泡澡的，喝醉了就沒辦法專心享受，而且千萬別肖想泡完澡後，泡澡桶裡面的啤酒還可以順便喝光光，這感覺起來還是有點太 Over……。

① 啤酒 SPA 櫃台
② 啤酒桶狀的蒸汽室
③ 2 樓休息區
④ 浴缸旁有簡單的橡木桶啤酒吧台，喝啤酒自己倒

享受啤酒浴的絕佳養分

　　25 分鐘過後會有專人前來敲門，並且引領你前往 2 樓的休息區，靜靜地躺在休閒椅上 25 分鐘，安定身心靈，也讓皮膚及頭髮能夠慢慢吸收啤酒浴的養分。工作人員會在你舒服地躺下後蓋上薄被，閉上眼睛休息就好，即使睡著了，25 分鐘過後工作人員還是會來叫醒你，不用擔心睡到天黑。

　　休息過後結束了啤酒浴，回到更衣室去換裝，也不用再淋浴了，讓皮膚繼續吸收啤酒浴的養分。體驗過後我覺得這價錢跟 Blue Lagoon 藍湖差不多，而且還有啤酒可以喝，如果你再加 500KR 到戶外熱水浴池，就可以耗上半天；相同的價格我會寧願花在這裡，因為更有私人專屬的感覺，且設備豪華、風景也更美。只是要提醒開車前往的人，千萬別喝太多，淺嚐幾口就好，或是喝完後多休息個幾小時再駕駛，甚至乾脆住在 Árskógssandur 小鎮，可以玩得更放鬆。

❶

INFO

🏠 Ægisgata 31, 621 Árskógssandur

📍 65.94504, -18.36267

🕐 Hólar 侯拉爾至 Bjórböðin 啤酒浴 141 公里，開車 2 小時

📞 +354 414 2828

🕐 週一至週四 15：00 ～ 21：00
週五至週六 11：00 ～ 23：00
週日 12：00 ～ 21：00（冬季）

週一至週四 11：00 ～ 21：00
週五到週六 11：00 ～ 23：00
週日 11：00 ～ 21：00（夏季）

📺 無

🌐 https://www.bjorbodin.is/eng(強烈建議官網線上預約)

💲 啤酒浴單人 7,900KR、雙人 14,900KR
戶外熱水浴池 11 歲以下免費、12 到 16 歲
1,000KR、17 歲以上 2,000KR、有預約啤
酒浴者只要 500KR 即可

💳 可

＊冰島克朗：新台幣匯率為 1：0.247

① Bjórböðin 酒吧
② Bjórböðin 餐廳
③ Bjórböðin 是北歐第一間啤酒 SPA

Akureyri 樂遊北部第一大城
品咖啡、賞藝術全都滿足

Akureyri 是冰島北部第一大城，也是僅次於首都雷克雅維克的第二大城，距離北部最有名的景點 Mývatn 米湖只有 100 公里左右，旅行時間不是很夠的人可能會跳過這座城市，不過如果可以的話，我倒是推薦至少留一晚在這座城市走走，不只是阿克雷里本身，周邊的小鎮也值得造訪，住上 2 晚甚至也都還不嫌多呢！

31　The Capital of Herring Fishing 鯡魚之都　　保有歷史之美的小漁村

① Siglufjörður 小漁村的教堂　② 整座小鎮上杳無人煙

　　Siglufjörður 錫格呂菲厄澤位於 Akureyri 阿克雷里北方 80 公里的海岸邊，1900 年代它還只是個小漁村，隨著捕鯡魚工業的興盛，1950 年代人口成長到巔峰期的 3,000 人，被譽為冰島的鯡魚之都，可惜隨著鯡魚工業的沒落，如今的 Siglufjörður 變成僅有 1,200 人左右的寧靜小鎮。2016 年到訪時，整座小鎮上可說是人煙稀少，在鎮上唯一看得到的咖啡店 Aðalbakarí 坐下來喝杯熱呼呼的咖啡，再點個剛出爐的新鮮麵包，享受有別於繁擾城市的幽靜生活。

有鮮魚就快嘗！

　　好不容易在碼頭邊看到漁獲，工作人員也只是在一旁開著堆高機作業著，完全沒有販賣的跡象，在冰島買到的海鮮幾乎都是經過冷凍處理保存的，如今有機會看到剛捕撈

上岸的魚,卻連買也沒機會。咖啡店附近有間賣鮮魚的 Fish and Chips Siglufjörður,裏面也有賣炸魚薯條,第一次前往的時候正好碰上星期日,店家沒有營業,隔年再次造訪就剛好有營業了。店內販售著各種新鮮的魚排,也有販賣肉品,想要一嘗鮮魚的人可別錯過,可惜當時我腦袋不知道在想啥,竟然沒進去買魚吃,品嘗美味的鮮魚,真是後悔不已阿!

　　鎮上的 The Herring Era Museum 鯡魚年代博物館也是值得造訪的景點,它是由 3 棟建築物所組成,一棟展示著身經百戰的漁船、另一棟展示著早期鹽化鯡魚的方式,還有一棟則展示將鯡魚製做成鯡魚肉及魚油的過程。由於去的時候時間不足,沒能進到博物館內參觀,但光是在館外拍攝博物館建築那具有年代感的獨特景觀就能感受到它的美了。另外鎮上的教堂也頗具特色;每年 7 月初,鎮上會舉辦傳統音樂節,假如造訪當地時碰上了,別忘了一同參與體驗那熱鬧、盛大的道地節慶。

③ The Herring Era Museum 鯡魚年代博物館　④ 碼頭邊的漁獲
⑤ 鯡魚之都 the Capital of Herring Fishing

INFO

The Herring Era Museum 緋魚年代博物館

🏠 Snorragata 10, IS-580 Siglufjörður, Iceland

- -

📍 66.147, -18.91322

- -

📞 +354 467 1604

- -

🕐 6、7、8月 10：00 ～ 18：00
5、9月 13：00 ～ 17：00 (冬季需預約)

- -

💲 成人 1,800KR、長者 1,000 KR

- -

💳 可

- -

其他
Aðalbakarí 咖啡店   📍 66.150542, -18.907874
Fish and Chips Siglufjörður 餐廳   📍 66.150539, -18.908678

32　Jólagarðurinn 聖誕花園　　　　　　　經典糖果屋與特色選物店

　　由阿克雷里市中心沿 821 公路向南邊
開 12 公里有一處 Jólagarðurinn 聖誕花
園，花園裏面有一間聖誕糖果屋以及居家
用品商店，糖果屋內販賣著玲瑯滿目的聖
誕節裝飾品及糖果，本以為能見到獨具冰
島特色的商品，但屋內販賣的是一般的聖
誕節裝飾品，自然也就有些失望，但是對
喜愛聖誕節的人來說，也許聖誕節就是要
有這些經典且傳統的東西。相較之下居家
用品商店內的生活小物及農產品就特別許
多，商品都是出自冰島在地，具有特別的
設計感，讓我在裡面逛了好久，只是單價
太高，實在出不了手啊！

INFO

🏠 IS-601 Akureyri

- -

📍 65.58024, -18.09213

- -

📞 +354 463 1433

- -

🌐 http://www.esveit.is/is/ferdathjonusta/
jolagardurinn

- -

🕐 1 至 5 月 14：00 ～ 18：00
6 至 8 月 10：00 ～ 21：00
9 至 12 月 14：00 ～ 21：00

- -

💲 免費入場

- -

🕐 可

＊冰島克朗：新台幣匯率為 1：0.247

33 Akureyri 阿克雷里市區　　　　　集休閒與文化為一體的城市

　　雖然連續兩年的冰島之旅都有在 Akureyri 阿克雷里住宿，卻也沒太多時間好好逛逛這座城市，只有第二次造訪時花了 2 ～ 3 個小時，逛了一下 Hof 圓形的文化中心紀念品店、形狀特別的阿克雷里大教堂、冰島最有名的冰淇淋店 Brynja、以及及教堂旁的 Hafnarstraeti 商店街，街上有書店、紀念品店、餐廳、服飾店等。

　　另外還有一個比較大的 Nettó 購物中心，雖說購物中心大，但也只是對冰島人來說算大，對於並非當地居民的我們，可說是蠻小的購物中心，由於它是市區裏唯一的購物中心，無論是大是小，都值得逛一逛。最後要特別提醒的是，走在阿克雷里街頭，你會看到許多紅綠燈號是心型的，這些別出心裁的裝置是冰島政府在 2008 年冰島發生金融危機，經濟重創、人心惶惶之時，為了撫慰大眾不安的心而設計的，真的很溫暖啊！

① Hafnarstraeti 商店街　② Brynja 的冰淇淋好吃，但是沒有甚麼特別的驚喜
③ Hof 圓形文化中心紀念品店　④ Hafnarstraeti 商店街上的冰島精靈

INFO

Hof 文化中心紀念品店	📍 65.683424, -18.087490
Akureyrarkirkja 阿克雷里大教堂	📍 65.679875, -18.090783
Brynja 冰淇淋店	📍 65.672264, -18.086900
Hafnarstraeti 商店街	📍 65.681699, -18.090429
Nettó 購物中心	📍 65.687614, -18.102557

Diamond Circle 北冰島鑽石圈

大·小 兩圈都好玩！

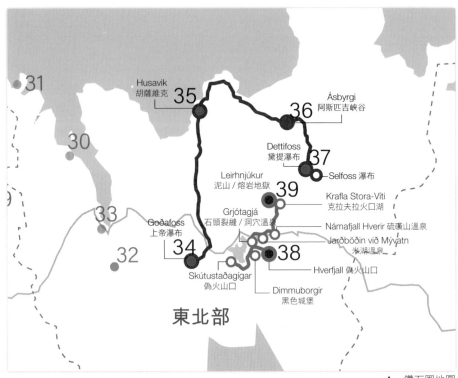

▲ 鑽石圈地圖

冰島南部有炙手可熱的 Golden Circle 金圈，北部則有更值錢的 Diamond Circle 鑽石圈，金圈景點一天就能跑完，要徹底玩遍鑽石圈景點，則要花上 3 天的時間，若是問我比較推薦哪一個，鑽石當然是比黃金誘人阿！只是金圈距離首都只有一個多小時的車程，許多來冰島 3 日遊的旅客當然就去撿黃金囉，鑽石也就只能留給那些多花點時間在冰島的人了。

用兩天環遊鑽石圈

　　Diamond Circle 鑽石圈是因為整條環圈路線看起來像一顆鑽石而得其名，如同每顆鑽石都是獨一無二的，這顆北冰島鑽石當然也有它獨特的地方。我將鑽石圈分為大圈與小圈，大圈就由北冰島南方的 Mývatn 米湖出發，沿 1 號公路向西走 50 公里，抵達 Goðafoss 上帝瀑布後，再往北拐進 85 或 845 號公路繼續前進 50 公里抵達冰島賞鯨

▲ Húsavík 胡薩維克賞鯨很受歡迎

重鎮 Husavik 胡薩維克;沿著 85 號公路一路欣賞 Tjörnes 半島風光,再向東開大約 1 小時 60 公里左右的車程,即可以抵達我非常喜歡的 Ásbyrgi 阿斯匹吉峽谷,接著再轉入 862 或 864 公路向南行,大約 30 公里路程即可抵達全歐洲水量最大的 Dettifoss 黛提瀑布,最後繼續沿著 862 或 864 公路轉回 1 號公路向西走,大約 1 小時 70 公里左右的車程回到 Mývatn,這也是大家口中的鑽石圈(大圈)

小圈景點圍繞著 Mývatn 周邊,只是周邊景點的數量也不少,若要我選擇的話,

Námafjall Hverir 硫磺山溫泉、Leirhnjúkur 泥山 / 熔岩地獄、Krafla Stora-Víti 克拉夫拉火口湖是一定要去的。

這些景點看起來好像一天就可以跑完,實際上是不可能的事,除非你是下車尿尿、上車睡覺的那種遊客,不然勢必得將行程分成至少 2 天,但這 2 天大概也只能快速地走過九成鑽石圈的景點。

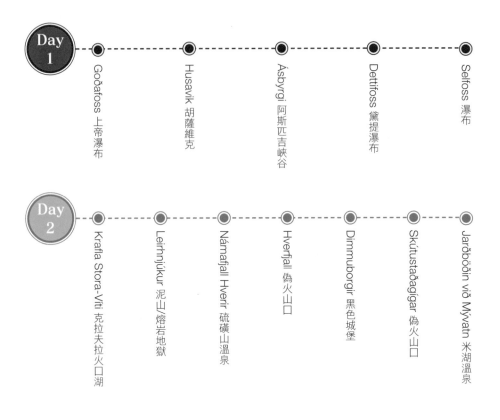

Day 1

Goðafoss 上帝瀑布 ● Húsavík 胡薩維克 ● Ásbyrgi 阿斯匹吉峽谷 ● Dettifoss 黛提瀑布 ● Selfoss 瀑布

Day 2

Krafla Stora-Víti 克拉夫拉火口湖 ● Leirhnjúkur 泥山/熔岩地獄 ● Námafjall Hverir 硫磺山溫泉 ● Hverfjall 偽火山口 ● Dimmuborgir 黑色城堡 ● Skútustaðagígar 偽火山口 ● Jarðböðin við Mývatn 米湖溫泉

開始景點介紹前，先簡介一下 Mývatn 米湖（又名「蚊蠓湖」），冰島文 Mývatn 中「Mý」指的是蚊蠓；「vatn」指的是湖，兩者相加後意思就是蚊蠓湖。夏天的時候這裡的蚊蠓多得嚇人，蚊蠓多到看上去就像團黑霧，建議夏天來到 Mývatn 最好準備防蚊頭罩，不然真的遇上了蚊蠓團，逃都來不及！

Mývatn 的面積廣達 37 平方公里，不過深度卻只有不到 3 公尺，呈現了許多濕地的地形，它是大約 2,300 年前，火山噴發大量的玄武熔岩漫流至此所形成的湖泊，深度不深且富含營養物；湖內的水鳥生態特別豐富，也成了許多愛鳥人士駐足的景點。

冰島小常識

Mývatn 本身也是個景點，尤其在東岸與南岸有好幾處景色很美的火山岩湖景，環湖找景點時不妨注意一下，如果路邊有規劃出停車空間，通常就是有美景的地方，記得停下來走走。

34 Goðafoss 上帝瀑布 　　　　　　　　　　利用光線捕捉美景

①

②

INFO 🚗

📍 65.68283, -17.55016
🚗 Akureyri 阿克雷里至 Goðafoss 上
帝瀑布 35 公里，開車 30 分鐘
Mývatn 米湖至 Goðafoss 上帝瀑
布 50 公里，開車 50 分鐘

① 下午拍瀑布時就會變成大逆光很難拍得好
② Goðafoss 上帝瀑布

　　公元 1000 年，冰島國教改為基督教，於是當時的法律朗誦人 (Lawspeaker，一種北歐特有的職位) Thorgeir Ljósvetningagoði 便把家中的北歐諸神神像丟入這座瀑布之中，此瀑布從當時起，就有了 Goðafoss 上帝瀑布這個名字。

　　由於高 12 公尺、寬 30 公尺的 Goðafoss 就位在 1 號環島公路旁，成了冰島北部旅遊時必訪的瀑布之一。由 Akureyri 阿克雷里市中心沿 1 公路向東邊開 35 公里即可抵達；行程安排上，建議前一晚先在 Akureyri 市區住宿，隔天一早展開環遊鑽石圈的行程，前往 Goðafoss。建議早上前到達瀑布最好，此時光線剛好是順光非常適合拍照，一旦到了下午，光線變成大逆光時，就很難把瀑布拍得好看，只是去過冰島的遊客都知道，要遇到有陽光的天氣很難就是了。

　　以賞鯨聞名的 Húsavík 位於 Mývatn 米湖北方的海岸，雖然在冰島有非常多地方都可以賞鯨，但在 Húsavík 看到鯨魚的機會比其它地方都大，因此在 1990 年代中期以後，這裡就率冰島之先開啟了賞鯨的定期航班，也為 Húsavík 博得了冰島「觀鯨小鎮」的美名。不得不說，雖然我只參加過一次的賞鯨活動，但多次看到鯨魚卻讓我看到想吐，作夢都沒想過能有機會一次看到那麼多鯨魚。

鯨魚的避風港

　　Húsavík 在 Skjálfandi 海灣的東邊，是鯨魚們的避風港，此地最適合牠們交配生小寶寶，所以總是會有許多鯨魚停留，其中以座頭鯨、小鬚鯨及藍鯨最為常見。因座頭鯨天性愛玩，最喜歡浮出海面，當然也就最常被看到，牠喜歡的招式有跳躍出水、用鰭拍打海水、把頭伸出海面看賞鯨客，在之前的賞鯨之旅中，我看到的全都是座頭鯨。

　　經營賞鯨行程的公司總共有 4 家，分

別為 Gentle Giants、Húsavík Adventures, North Sailing 與 Salka，前 2 家的售票處位於對面的停車場；Salka 的售票處則是在相同位置的 Salka 餐廳裏。這 4 家公司的賞鯨行程都是 3 小時，價格上卻有些微差距，有些公司在官網上報名就可以有折扣；我是現場報名 Gentle Giants 的行程，但可能是因為我們人多（7 位），櫃台小姐給了我們票價 9 折的優惠。出海的時間每家都會有些不同，詳細的時間還是要看各家官網上提供的資訊，我們當時去的時候是九月（非旺季），選了最近的船班時間，也都還有位置，但如果是旺季最好就要事先訂位。

傳統木船、橡膠快艇二選一

賞鯨船分 2 種，傳統木船與橡膠快艇，木船的操控反應比較慢，船身距離鯨魚也稍微遠一點，整個行程約 3 小時，Gentle Giants 的船票價位也隨年齡差異而有所區別，價格皆包含導遊、熱巧克力飲料、冰島傳統麻花捲、保暖衣、雨衣；橡膠快艇機動性強，可以很接近鯨魚，整個行程約 2.5 小時，價錢相對也貴很多，其價格包含導遊、保暖衣、雨衣、救生衣、驚喜飲料。

切記乘船前一定要先去上廁所！在船上，你已經被救生裝備包到很難走路，更別說是去上廁所，因此最好事先解決；另外建議會暈船的人可以在登船前先問問櫃台人員有沒有提供暈船藥，像我之前參加的 Gentle Giants 就有免費提供。冰島的天氣變化超快，3 個小時就足以讓你經歷晴、陰、雨天與大風大浪，既然天氣和海象的好壞不是我們有辦法擔心的，船家能出海就出去，即使在下雨天看鯨魚也無所謂，我們一行人當時就是在陰天出海，還遇到下雨，賞鯨行程結束後又是陰天，雖然天氣說變就變，不過還是看

① Husavik 胡薩維克看到鯨魚的機會比其他地方都大　② Gentle Giants
③ Husavik 胡薩維克賞鯨船登船處　④ 橡膠快艇機動性強，可以很靠近鯨魚　⑤ 傳統的木船

▲ 棉被、棉被、再雨衣

層層包裹也不敵寒意

　　預期到出海後在海上會很冷，我們一行人本來就已經像包著棉被出門了，上船後店家又要你再穿上一層非常厚的連身防水服，就像包上另一層棉被，即便有了防水服，店家還另外發了件雨衣，多了這件厚厚的雨衣，整個人像饅頭發了3次，腫得不像話！本來穿的時候還擔心穿太多會熱死，結果去到海上卻冷到發抖，就算在一層很厚的雨衣下，還穿有厚衣服、外套和非常厚的防水服，還是會冷到發抖，你就知道冰島有多「冰」了！

看了無數次的鯨魚

　　傳統木船出海後，大概花半小時開到定點，返航再花半小時，賞鯨行程的2小時中，我們看了無數次鯨魚，每次當船四平八穩地開著，又突然轉向加速衝刺時，船客也跟著血脈賁張，不到幾分鐘，船身前方出現鯨魚尾鰭翹出水面，接著船與鯨魚越靠越近，

▲ 看見鯨魚了！

即使是木船，也可以靠到距離鯨魚不到10公尺的距離，如果是橡膠快艇的話，大概3～5公尺的距離而已。

　　接著就是看到鯨魚用鼻孔噴氣呼吸，還真的是好大的鼻孔！然後是尾鰭彎曲沉入海面，每看到一次，大家就「哇………哇………哇………」，最後會看到尾鰭再高高得翹出海面，那就表示座頭鯨要潛入海底，只能

就此道別了。看完表演後，船繼續穩穩地開著，又突然轉向加速衝刺，大家也就又跟著血脈賁張，當前方再次出現鯨魚尾鰭翹出水面，大家又開始「哇………哇………哇………」，幾次後又潛入海底，就這樣循環了無數次，流程都不變，變得是賞鯨客的驚嘆聲「哇………哇………哇………」變成了「喔………恩………」，再到無聲，這時吹起的海風和濺起的冰冷海水早已把大家冷到語無倫次。

行程即將結束前，船員拿出「傳說中」的熱巧克力飲料及冰島傳統麻花捲在寒風中溫暖大家，但因為擔心喝完飲料後會尿急又解不開衣服，我是連碰都不敢。最後要提醒，如果要拍照，最好選用防水相機，機身不見得會碰到水，但有時會下雨，海水也會拍打上來；另外鏡頭不用選太長焦段，因為鯨魚很大隻，船隻又能靠得很近，大概 50mm 的鏡頭就夠用了。

INFO

Gentle Giants
🔵 65.58024, -18.09213

🕐 Goðafoss 上帝瀑布至 Húsavík 胡薩維克 50 公里，開車 40 分鐘

💲 16 歲以上 10,300KR、7 到 15 歲 4,200KR、0 到 6 歲免費（傳統木船）
16 歲以 18,400KR、7 到 15 歲 12,600KR、6 歲以下不能參加（橡膠快艇）

＊冰島克朗：新台幣匯率為 1：0.247

▲ 鯨魚尾巴翹出水面

根據冰島的神話傳說，北歐神仙 Oðin 的八腳飛馬 Sleipnir 有一天行經此處，其中的一隻腳觸碰到土地，便形成了今日馬蹄形狀的 Ásbyrgi 峽谷。峽谷內的巨牆景觀是我對冰島北部印象最深刻的景點，也是少數會烙印進我腦海中的獨特自然景觀，它完全就像是個巨人留下的足跡，巨大的馬蹄形石牆讓人嘆為觀止，心中不斷疑問「怎麼可能？大自然怎麼可能會造出這種地形？」好吧……是飛馬沒錯！

Ásbyrgi 頗大，得開車進入峽谷最深處的停車場，下車後往著步道最深處走，便會看到 Botnstjörn 湖，右上方有一處地勢較高的景觀台，再順著旁邊的步道走過去，3～5分鐘就可以抵達。從景觀台就可以看到整個峽谷壯闊且驚人的巨牆景觀，由於景觀台就位於峭壁下，旁邊有警示牌告知景觀台周圍有落石的可能性，如果要上去的話就要自己承擔風險，此一做法像花蓮太魯閣一樣。

除了巨牆景觀，整個峽谷種滿了樹，樹葉顏色會隨著四季轉換而變化，我2次前來都是秋天，剛好是樹葉轉黃的時候，顏色美得很夢幻，在樹木很少的冰島，能有像這樣走進樹林裏的機會實在不多咧！

INFO

📍66.0017, -16.51309
🕐Húsavík 胡薩維克至 Ásbyrgi 阿斯匹吉峽谷 63 公里，開車 50 分鐘

① 秋天剛好是樹葉由於轉黃的時候，顏色美得很夢幻
② Botnstjörn 湖
③ 巨大的馬蹄形石牆讓人嘆為觀止
④ Ásbyrgi 阿斯匹吉峽谷巨牆是我對冰島北部印象最深刻的景點

離開 Ásbyrgi 阿斯匹吉峽後，前往 Dettifoss 黛提瀑布可選擇 862 或 864 公路，這 2 條路都不好行駛，第一次前往時開的是 862 公路，路況差到只能以時速 30 公里行駛，沿途坑坑洞洞，實在不好開；不過從 Dettifoss 走 862 公路接 1 號公路這段都是柏油路就很好開；第二次前往就嘗試開 864 號公路，行駛了一小段才知道路封了，接著轉向開上 862 公路，卻也封了，最後只好沿原路開，繞一大圈回 Mývatn，所以在此特別提醒出發前一定要上 road.is 去查詢路是否還能通行。

▼ Dettifoss 黛提瀑布是歐洲水量最大的瀑布

全歐洲水量最大的瀑布

開車抵達瀑布停車場後還要步行大約 20 分鐘，因為路面凹凸不平，穿上抓地力好一點的鞋子會比較適合。Dettifoss 又稱魔鬼瀑布，水源是來自於冰島南端的 Vatnajökull 瓦特納冰川，且瀑布的水呈灰白色，瀑布高 45 公尺、寬 100 公尺，每秒水量 500 立方

公尺,是歐洲水量最大的瀑布。親自來到
現場,豐沛的水量、嘈雜的水聲及漫天的
霧氣真的會感到相當震撼,只是同時也看
到一些觀光客為了取景拍攝越過繩索,這
是非常要不得的行為,因此而喪命的案例
也是時有所聞。

　Dettifoss 附近還有另一個 Selfoss 瀑
布,如果有時間的話也可以前往觀賞和拍
照,步行大約 10 ~ 20 分鐘,雖然有著
相同的水源和水量,但此瀑布高度沒有
那麼高,感覺起來氣勢就沒有那麼強。不
過快抵達 Selfoss 瀑布前,道路上有許多
小溪流,跟我之前去的全世界最大的瀑布
「Iguazu Falls 阿根廷伊瓜蘇瀑布」很像,
為了照相更靠近瀑布,得在這些小溪流間
跳來跳去,還蠻有意思的。向 Dettifoss
下游走還有一個 Hafragilsfoss 瀑布,要
前往 Hafragilsfoss 必須走 864 公路。

①

②

INFO

📍 65.81444, -16.38477
🚗 Ásbyrgi 阿斯匹吉峽谷至 Dettif 黛提瀑
　布 37 公里,開車 1 小時
　Mývatn 米湖至 Dettifoss 黛提瀑布 60
　公里,開車 1 小時

① Dettifoss 黛提瀑布又稱魔鬼瀑布
② 停車場步行至瀑布大約 20 分鐘
③ Selfoss 瀑布前地面布滿許多小河流

③

Krafla Stora-Víti 克拉夫拉火口湖　　　超過百年的激烈火山活動

　　Krafla Volcano 克拉夫拉火山不僅提供 Mývatn 米湖周邊地區大部分的能源，也成了主要的景觀。它的火山口直徑 10 公里、高度 818 公尺；地下的裂縫區域長度 90 公里；有 2 個岩漿庫，深度約 3 ～ 7 公里，是 Mývatn 地區最活耀的火山，歷史上的火山活動紀錄高達 29 次，最後一次的火山噴發是在 1984 年。直徑達 300 公尺的 Krafla Stora-Víti 克拉夫拉火口湖就是它在 1724 年噴發時所產生的，當時火山持續噴發了 5 年之久，火口湖內的泥漿也持續沸騰超過 100 年，激烈的火山活動可見一斑。

年供 5 億度電的地熱發電廠

　　由 1 號公路轉入，前往克拉夫拉火口湖開車約 5 分鐘 4.5 公里後，路邊會有一處露天蓮蓬頭，蓮蓬頭上源源不斷地冒著溫泉水，旁邊還有一個小洗臉盆，這個露天的「公共藝術」可真是讓人會心一笑。再繼續向前行駛就會看到克拉夫拉地熱發電廠，這個利用地熱發電的發電廠每年提供 5 億度電，看著這個冒著巨大水蒸氣的發電廠，還真羨慕冰島有如此豐沛的地熱資源。

　　再繼續開不到 5 分鐘就可以到達火口湖停車場，從停車場下車後，走路上去火口湖只要 2 分鐘，是一個輕而易舉就可以抵達的景點。上到火口湖後可以用大約 1 小時的時間沿著步道繞一圈，據說有些西方遊客在夏天時，甚至會下湖去游泳，只是十幾度的夏天不符合咱們亞洲人對於適合的游泳的氣溫標準。對我來說，因為 Krafla Stora-Víti 非常容易抵達，對於任何年齡的遊客來說都很適合，沒看過的就來看一下！

INFO 🚗

📍 65.71753, -16.75445

🕐 Mývatn 米湖至 Krafla Stora-Víti 克拉夫拉火口湖 15 公里，開車 20 分鐘

① 沿著步道繞一圈約一小時
② 克拉夫拉火口湖
③ 冒著巨大蒸氣的地熱發電電廠

39 Leirhnjúkur 泥山 / 熔岩地獄　　陣陣白煙、黑色熔岩、杳無人煙

　　冰島文 Leirhnjúkur 指的是泥山（Leir= 泥、Hnjúkur= 山頂），熔岩地獄大概是華人取的名字，倒也蠻貼切的。由於步道的後半段是黑色皺褶的火山熔岩，伴隨著從岩石縫間冒出的陣陣白煙，加上整片杳無人煙的淒涼景色，很自然就讓人聯想到地獄囉。

　　由火口湖往下行駛大約 3 分鐘，即可抵達 Leirhnjúkur 停車場，停車後沿著步道走，全程來回大概要走 1 ～ 1.5 小時。泥山是 Krafla Volcano 火山口的一部分，最後一次的噴發是在 1984 年，到現在也有 35 年了，現場仍然有噴氣孔呼呼地冒著白煙，泥漿池也不斷在冒泡，彷彿地底下的岩漿仍然離我們不遠，但實際上也就在腳底不遠處無誤。

黑色火山熔岩覆蓋大地

　　整個在泥山的行程最讓人印象深刻的，是一望無際的大地覆蓋著黑色的火山熔岩，雖然岩漿已經不再滾燙，但看著它們從眼前的小山丘一路蔓延到地平線直到消失，不免讓人想像當年那滾滾紅色熔岩的景象，它們四面八方地在大地上流動著，所到之處全都被吞噬，無一倖免，真的是一股可怕的力量阿！

INFO 🚗
📍 65.72174, -16.78779
🕐 Krafla Stora-Víti 克拉夫拉火口湖至
　　Leirhnjúkur 泥山 / 熔岩地獄 1 公里，
　　開車 3 分鐘

① 除了黑色火山熔岩就甚麼也沒有了
② 一望無際的大地覆蓋著黑色的火山熔岩
③ 滾燙的牛奶溫泉湖

38 Hverfjall 偽火山口

一睹最大的火山口

▲ 火山口的直徑超過 1 公里

　　整個冰島行程，看過的火山口中最大的就屬 Hverfjall，光是火山口的直徑就超過一公里，最高點高度 180 公尺。它是約兩千五百年前所形成，當時地下的岩漿沿著地殼裂縫往上竄升，在地表遇到了大量的水而產生巨大的水蒸氣，造成大爆炸，而直接炸出當今的火山口，一般認為 Hverfjall 火山口是地球上同類型的火山口中最大的一個。

　　想要爬火山口的話，可以從北側或南側的登山步道上去，北側路線長 600 公尺，爬升高度 90 公尺，相當於 30 層樓高，此路線相對較緩和，也比較多人走；南側路線長600 公尺，爬升高度 145 公尺，相當於 48 層樓高，此路線的坡度很陡不好走，比較少人會走。抵達火山口後可以沿著火山口繞行一圈，長度約 3.2 公里，上下坡高差約 100公尺，所以你要是想完整走完這座火山口至少也得花上 2 ～ 3 小時。我實際爬上火山口的感受是「很累！」。

INFO 🚙

📍 65.60543, -16.87568
🕐 Námafjall Hverir 硫磺山溫泉至 Hverfjall
　 偽火山口 12 公里，開車 20 分鐘

▲ 北側路線長 600 公尺爬升高度 90 公尺

38 **Námafjall Hverir 硫磺山溫泉**　　濃濃硫磺味和陣陣怒吼聲

　　離開 Leirhnjúkur 泥山往回開，上了 1 號公路後右轉，馬上就抵達 Námafjall Hverir 硫磺山溫泉（冰島文 Náma ＝硫磺礦、Fjall ＝山、Hverir ＝溫泉）。一下車就可以聞到濃濃的硫磺味，有種身處北投地熱谷的感覺。現場有好幾個地熱孔發出極大的怒吼聲，伴隨著直衝天際的白煙，彷彿是冰島巨人七竅生煙地怒吼著！地面上還有好幾處泥漿坑，滾燙的泥漿正不停地翻滾著，令人不免想像可能是精靈正在地下點著火煮沸這些泥漿吧，等著遊客跨越現場的圍欄後掉進洞裡，這樣一來，精靈們就有大餐吃了！

INFO 🚗
📍 65.64096, -16.80925
🕐 Leirhnjúkur 泥山 / 熔岩地獄至 Námafjall Hverir 硫磺山溫泉 9 公里，開車 12 分鐘

① 虛無飄渺的硫磺山
② 滾燙的泥漿正不停地翻滾著
③ 地熱孔發出怒吼聲伴隨著直衝天際的白煙

38 **Grjótagjá 石頭裂縫 / 洞穴溫泉**　　曾經的泡湯熱點

　　回程繼續行駛 1 號公路，往前進 Mývatn 米湖的方向轉入 860 號公路，約 5 分鐘後即可抵達 Grjótagjá 石頭裂縫 / 洞穴溫泉。Grjótagjá 一字是由 Grjóta 石塊與 gjá 裂縫組合而成，不過大部分當地人稱它為「洞穴溫泉」。因為許多遊客把洞穴內的溫泉當作此景點的重點，實際上洞穴上方的裂縫也很有可看性，被玄武岩漿所覆蓋的地表裂出一條長長的巨縫，就像災難電影中，大地突然裂開，酷斯拉從裏面鑽出來那樣，也許是溫泉太燙，酷斯拉只好出來透透氣吧。

　　幾百年來，Grjótagjá 一直是當地人泡湯的地方，壯觀的視野加上絕佳的氣氛，連我

都很想進去泡一下。 1975 年～ 1984 年這段期間的火山噴發，讓此處泉溫增加到 60 度左右，已經不適合泡湯了。雖然現在泉溫下降到約為 43 ～ 46 度間，冰島政府還是禁止人們進入泡湯，所以千萬別傻傻地跳進去！

可惜的是，因為許多外國觀光客的種種惡行，例如明明禁止露營，還是在那裡搭起帳棚；明明禁止進入泡湯，還是有人趁著月黑風高強行進入泡湯，甚至還有人會在泡湯時，趁機撒尿。這些惡行都是對景點的不尊重，造成此景點的地主於 2018 年開始，無限期地關閉這個景點。

① Grjótagjá 石頭裂縫
② 幾百年來 Grjótagjá 一直是當地人泡湯的地方

INFO
📍 65.62622, -16.88276

▲ 秋天呈現紅、黃、綠等繽紛的色彩

　　Dimmuborgir 黑色城堡（Dimmu= 黑色 Borgi= 城堡），大約 2,000 年以前，因為水與岩漿的交互作用而形成，只是這次沒有產生大爆炸，是大量的岩漿流到低窪處，覆蓋過沼澤地形成岩漿湖；炙熱的岩漿在上層，含水的沼澤在下層，上層的岩漿與空氣的接觸面冷卻成石頭，與下層沼澤的接觸面也因為水的冷卻變成石頭，所以厚厚的岩漿湖上層與下層都是岩石，只有中間仍然包著炙熱的岩漿。

奇形怪狀的玄武岩巨石

　　沼澤內的水分被加熱成蒸氣後往上竄，突破了堅硬的石頭層直達地表，因而形成水蒸氣煙囪，煙囪周圍的溫度跟岩漿相比還是較低，所以岩漿圍著煙囪凝固成岩石；炙熱的岩漿因為凝固體積變小，使得岩漿湖漸漸下降，地表跟著下陷，於是水蒸氣煙囪就露出地表形成今日特殊的模樣。這些巨大的煙囪由遠處看起來就像是一個個巨大的精靈，所以對冰島人來說，這裡也是精靈出沒之地，每到 12 月聖誕節就可以看到裝扮成精靈的冰島人出來發放禮物及糖果。

　　Dimmuborgir 總共有 6 條散步路線，每條路線花費的時間從 10 分鐘～ 2 小時不等，

園區內各種奇形怪狀的玄武岩巨石都需要你發揮點想像力，才能看出它們究竟像是精靈還是像精靈家的寵物小豬，像我這種沒有太多想像力的人看 10 分鐘就有些膩了，還好園區內的樹在秋天時呈現紅、黃、綠等繽紛的色彩，走在其中都覺得很開心。

INFO

⊙ 65.59096, -16.91095

🕐 Hverfjall 偽火山口至 Dimmuborgir 黑色城堡 5 公里，開車 10 分鐘

▼ 這些巨大的煙囪由遠處看起來像是一個個巨大的精靈

Skútustaðagígar 偽火山口群

村莊內的小規模火山口群

① Skútustaðagígar 偽火山口 ②草地上的小肥羊

　　Skútustaðagígar 是處於 Mývatn 南方 Skútustaðir（Skútu= 古代某冰島女子的名字、Staðir= 地方，Skútustaðir= 某女子的田地）村莊的景點，散布著許多小型火山口，這些火山口的形成原因與 Hverfjall 火山口一樣，都是火山蒸氣噴發，只是規模相對小了許多，火山口也就小了許多，即便如此，火山口的數量還是不少。這裡的火山口上長滿了青草，也有許多放牧的小肥羊，有多餘時間的話，來走走也相當不錯。

> **INFO**
> 📍 65.57083, -17.03462
> 🚗 Dimmuborgir 黑色城堡至 Skútustaðagígar 偽火山口 11 公里，開車 15 分鐘

Mývatn Nature Bath 米湖溫泉

絕勝的地熱溫泉

　　Blue Lagoon 藍湖溫泉是幾乎每位觀光客都會去的露天溫泉，不論是越來越貴的價錢，或泡起來沒有真正溫泉的「Fu」，都讓我覺得不值得體驗。相較之下 Mývatn Nature Bath 就令人滿意多了。與 Blue Lagoon 相同的是，它的泉源也是發電廠廢水，前者是引海水進到地下加熱後發電，後者則是直接鑽下去取溫泉水上來用；發電過後的溫泉水還有 130 度，接著就排放到 Mývatn Nature Bath 隔壁的一個超大池子裏降溫，降到適當溫度 36 ～ 41 度後再導入 Mývatn Nature Bath 供大家泡。

　　同樣都是取自發電廠廢水，Mývatn Nature Bath 可是正港的溫泉水，泡起來身體真的會發熱，就像我們在台灣泡溫泉的感覺；再者 Mývatn Nature Bath 有 2 個大池，一個溫度較高、一個較低，較高的池子溫度符合東方人對泡湯的水溫標準，這 2 點是我覺得 Mývatn Nature Bath 大勝的重要因素。

相較於 Blue Lagoon 的人山人海，Mývatn Nature Bath 的遊客相對就少了許多，泡湯也不需要預約，到現場直接買票即可；前來泡溫泉如果忘記帶泳裝、毛巾，也可以在櫃檯租借，甚至還可以租到浴袍。付完款後，工作人員會給你一個銅板，這是要投幣置物櫃用的，進入更衣室更衣後，把所有東西放進置物櫃，投入銅板轉動鑰匙即可。泡湯區有 2 個大池、2 間蒸氣室及一個熱水池，還有 2、3 個SPA 水療設施，雖然整體規模沒有 Blue Lagoon 大，但因遊客少了許多也就覺得很夠用，且在這裡是享受泡湯多一些，在Blue Lagoon 則是享受其它娛樂多一些。

① Mývatn Nature Bath 米湖溫泉
② 這才是正港的溫泉水

INFO

🏠 Jarðbaðshólar, 660 Mývatn

📍 65.630875, -16.847897

🕐 Skútustaðagígar 偽火山口至 Mývatn Nature Bath 米湖溫泉 19 公里，開車 20 分鐘

📞 +354 464 4411

🕐 5 月 1 日至 9 月 30 日 09：00 ～ 24：00
10 月 1 日至 4 月 30 日 12：00 ～ 22：00
12 月 24、25、31 日 12：00 ～ 15：00
12 月 26 至 30 日 12：00 ～ 18：00
（無預約規定）

📅 1 月 1 日

🌐 https://www.myvatnnaturebaths.is/

💲 16 歲以上 5 月 1 日至 9 月 30 日
5,000KR、其餘日期 4,500 KR

13 到 15 歲 5 月 1 日至 9 月 30 日
2,200 KR、其餘日期 1,800 KR

身心障礙者、長者、學生 5 月 1 日至 9 月 30 日 3,300KR、其餘日期 3,000 KR

12 歲以下有成人陪伴者免費

租借毛巾 850KR、租借泳衣 850KR、租借浴袍 1,800KR

🅿 可

＊冰島克朗：新台幣匯率為 1：0.247

Chapter04

南下
順遊冰島

米湖鑽石圈後就是要開始向冰島東部移動了,這一路往東的路程約 200 公里,
要穿越環島公路中最荒涼的高原區,平常就已經看不到什麼人的冰島,在高原
區更沒有居民,甚至到了冬天,這段路幾乎就會因為大雪覆蓋無法通行。

東部峽灣、南邊黑沙灘、冰川健行體驗，
來一場精心規畫的震撼之旅

抵達東部後，有時間的話就挑個東部海岸小鎮住一晚，隔天再繼續沿著海岸線一路南下慢慢走慢慢看，這段路程類似台灣的東部海岸線，體驗依山傍水、壯闊的火山海岸地形。到了冰島南部就是熱門景點的聚集區了，你得花上 3 天以上的時間，才能把冰島南岸景點攬進腦海中，帶著震撼的心情回家。

東部幽靜恬美的峽灣

想獨攬美景得親自來一趟

東部是許多人遺忘的隱藏景點，旅行時間不夠的人往往是路過而已，雖然這裡沒有金圈、鑽石圈那種大景點，卻因為大部分的旅客都選擇跳過，沒有遊客的東部小鎮人口本來就少，加上沒有觀光客的參訪讓它顯得更加寧靜，感覺就像一個人獨攬整片景色。

①

40 / 93 號公路　　　　　　　　　　　　被迷霧環繞的蜿蜒奇景

　　當初冰島導遊 Maria 推薦一定要去 93 號公路走一趟，也就選擇在 93 號公路盡頭的 Seydisfjordur 塞濟斯菲厄澤小鎮住上一晚。由 1 號環島公路轉進 93 號，一開始是蜿蜒的上坡路段，隨著高度逐漸爬升，天上的雲層也愈來愈接近，不知不覺就開進了天空的雲霧之中。

　　超過 20 公尺就已經看不見任何東西，眼前除了雙線道的公路，四周圍盡是一片霧茫茫，前後左右除了自己的一台車外沒有任何的人煙，開著開著道路一邊不知何時出現了水岸，這是一片湖嗎？眼前的白霧又讓我更加緊張了，深怕白霧裡突然衝出不知名物體，可能在驚嚇之際就掉進路旁的水裡 GG 了。

　　迷霧中又開始往下走，漸漸地霧氣消散了，取而代之的是綿綿細雨，把我們的玩興也給澆滅了，只好直接去民宿入住享受療癒的暖氣。隔天離開 Seydisfjordur 塞濟斯菲厄澤小鎮又要爬上 93 號公路，隨著路前進，眼睛也跟著亮了起來，晴天的 93 號竟然那麼美！下次一定要再來！

① 東部公路景色優美 ② 93 號公路 ③ 夏天隨處可見魯冰花 ④ 東部公路的美景

雪景迷一定要來朝聖

　　第二次到訪時很幸運遇到晴天，從 Egilsstaðir 埃伊爾斯塔濟小鎮轉進 93 號公路開始就一路注意周邊景觀及路邊是否有休息區，爬山的過程中在一處休息區停下來拍照。即使是夏天，高山上的低溫仍然讓路邊殘存不少積雪，對於我們這種台灣來的白雪控特別有魔力，視線往山下望

去就是剛才經過的 Egilsstaðir 小鎮，它就身處在 U 型峽灣谷底，而我們所在位置就在峽灣的邊邊，很久很久以前，這裡曾經是一整條超級大冰河。

　　沒有了雲霧總算看清楚這山頂的樣貌，原來這也不是一座山，它只是一處高地平原，由於低溫的關係使四周一片荒蕪，只有一處處積雪點綴著礫石。沒多久就來到了 Heiðarvatn 湖泊，同樣湖泊上也飄著殘冰，岸邊還有許多擱淺的小冰塊，在一個幾乎沒有生物的地方，看見一個孕育萬物的清澈水源，感覺充滿希望。

高山瀑布與峽灣景色令人驚嘆

　　湖泊過後就是急下坡，Seydisfjordur 塞濟斯菲厄澤小鎮就在眼前的盡頭處，同時又

① Seydisfjordur 塞濟斯菲厄澤小鎮就在眼前的盡頭處 ② 整條 93 號公路最美的就是這段下坡
③ 路邊的瀑布

　　遇到另一個 U 型峽灣，整條 93 號公路最美的就是這段下坡。Heiðarvatn 湖水直瀉而下，在蜿蜒陡峭的山路旁形成一個個瀑布，雖然瀑布不是那麼大也不是那麼高，卻把周邊的景色點綴到完美無瑕，任何一個角度都想停下車來拍照，只可惜沿路只有 2、3 處可以停車，有看到的話就要好好把握。

　　下坡是峽灣小鎮的景色，回程的上坡轉換成高山瀑布的美景，很難想像同一條路的上坡跟下坡景色那麼不同。下坡的峽灣讓人驚訝不已，等到隔天往回走，眼前的山景會再一次讓人感到驚喜，「之」字形的路線與瀑布結合讓人讚嘆不已，難怪 Maria 再怎樣也要讓我親自來走一趟。

41 Seydisfjordur 塞濟斯菲厄澤小漁村　一遊《白日夢冒險王》電影場景

　　93 號公路的盡頭就是 Seydisfjordur 小漁村，這是好萊塢電影《白日夢冒險王》取景地點之一，電影中主角與冰島小孩交換物品拿到滑板後，就沿著 93 號公路一路滑下來到 Seydisfjordur，接著又遇到火山爆發而逃離這座小鎮。現實生活中沒有火山爆發，只有幾乎不見人影的寧靜街頭，來了 2 次住了 2 晚，很懷疑這鎮內真的有住人嗎？

　　鎮內主要景點是一條彩色步道及兩旁美麗的鐵皮屋，步道盡頭還有一間藍色小教堂，花一點時間走走看看，再去超市補充日常用品，下一步直奔鎮外的住宿點 Langahlid Cottages & Hot Tubs 度假屋（第一篇的住宿章節有簡介）。在這種遺世獨立的峽灣小鎮，就應該要找間周圍沒有人煙，又位處高地的度假小木屋住上一晚，泡泡戶外熱水浴缸，享受峽灣景色，讓夜晚的極光為你留下終身難忘的體驗。

① Seydisfjordur 塞濟斯菲厄澤小漁村
② 鐵皮屋也能這麼美麗
③ 彩色步道及兩旁美麗的鐵皮屋

INFO

📍 65.260216, -14.009562
🚗 Mývatn Nature Bath 米湖溫泉至
Seydisfjordur 塞濟斯菲厄澤小鎮
190 公里，約 3 ～ 4 小時

冰河湖與冰川國家公園

感受冰川湖泊的浩瀚之美

順時針環島旅行離開龍蝦小鎮 Hofn 赫本後，就可以看到白色雲朵從天空一路綿延，壟罩眼前的群山之上。沒錯，這時候已經抵達 Skaftafell National Park 斯卡夫塔費德國家公園了。天上的雲與山頂的雪已經連成一片，只能藉由一條條的冰河約略判斷山頂高度，定力比較不好的人，馬上就開始嚷嚷著要停下車來對著冰河猛拍照了，雖然我已經走過 40 多個國家，但也是第一次看到如此巨大的冰河。

① 龍蝦披薩也很好吃
② Pakkhús Restaurant 的蒜香奶油小龍蝦最
　受歡迎

INFO

📍 64.250291, -15.204229
🌐 http://www.pakkhus.is/

冰島不可錯過的餐廳推薦

Hofn 赫本可是享受龍蝦大餐不可錯過的地方，Pakkhús Restaurant 是最推薦的一間，雖然售價不斐，一個人大約要台幣 2,500 ～ 3,000 元，但若要我選一間冰島必吃餐廳，來這裡準沒錯。

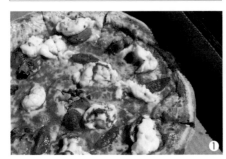

▲ 抵達 Skaftafell National Park 斯卡夫塔費德國家公園

43 **Jökulsárlón Glacier Lagoon 傑古沙龍冰河湖** 近距離賞千年冰山

▲ 海灘上擠滿了享受日光浴的冰塊

　　冰島文「Jökulsárlón」就是「冰河湖」的意思，它是由 Breiðamerkurjökull 冰河所形成，當 Breiðamerkurjökull 因為地球暖化而後退時，冰河湖的面積就會變大，1650年到 1850 年這段小冰河期，Breiðamerkurjökull 距離海岸線只有一公里遠，但是後來氣溫增高，現在冰河因而溶化後退 500 公尺，已經距離海岸線有 1.5 公里，冰河湖面積更擴張超過一倍以上。

　　冰河湖與大海之間有一條寬度約 100 公尺、長約 4、500 公尺的水道連接，由冰河所崩解的小冰山進入湖泊後會慢慢地經由這個水道流入大海，只是海水漲潮時，又會有部分冰山再次流入冰河湖內，很有趣的現象。冰山的密度比水稍微小一點點，所以冰山90% 以上的體積都在水底，當你看到露出的冰塊只有一點點，其實水下才是真正的大冰山，而且冰河湖的深度超過 250 公尺以上，再大的冰山都不會卡住。

▲ 海灘上擠滿了享受日光浴的冰塊

搭船遊冰河湖 坐看岸上風光

　　除了站在岸邊拍湖景，這裡也有業者經營搭船遊湖的行程，有水陸兩用鴨子船及橡皮艇 2 種，鴨子船整個行程約 30 ～ 40 分鐘，有英文導遊講解冰河湖的知識，每一個小時有固定的船班，如果是旺季的話最好事先線上預訂。橡皮艇體積小、速度快，可以更接近冰山，而且遊湖的範圍可以更廣，不過最小參加年齡為 10 歲或身高超過 130 公分，同樣有英文導遊，大約每 2 個小時有固定的船班，同樣旺季的話最好事先線上預訂。

　　最後看完冰河湖後千萬別忘記到海灘邊逛一逛，海灘上可是擠滿了享受日光浴的冰塊們，這些冰塊是由冰河湖逃脫出來直奔大海，卻又被海浪推回海灘，再因為漲潮退潮的關係，有些就留在沙灘上回不去了，除了夏天天氣稍熱溶化較快，海灘上的冰塊數量少體積小以外，其他時間都可以看到數量龐大的冰塊們，大的有超過一個人的高度，而且數量很多很密集，各種奇形怪狀都有，還有透明的與藍色的冰塊，非常適合拍照啊！

INFO

📍 64.0485, -16.17968

🕐 Seydisfjordur 塞濟斯菲厄澤小鎮至 Jökulsárlón Glacier Lagoon 傑古沙龍冰河湖 290 公里，開車 4 小時 30 分鐘 Hofn 赫本至 Jökulsárlón Glacier Lagoo 傑古沙龍冰河湖 80 公里，開車 1 小時

📞 +354 478 2222

🕐 3 月至 5 月 9：00 ～ 18：00
6 月至 9 月 9：00 ～ 19：00
10 月 9：00 ～ 18：00
11 月至 2 月 9：00 ～ 17：00

🏛 無

🌐 http://icelagoon.is/

💲 13 歲以上成人 5,800KR
6 到 12 歲兒童 2,000KR
5 歲以下免費
12 人以上團體每人 5,600KR（鴨子船）
13 歲以上成人 9,900KR
10 到 12 歲兒童 5,000KR（橡皮艇）

🈶 可

🈶 可

　　＊冰島克朗：新台幣匯率為 1：0.247

① 冰河湖遊客中心 ② 水陸兩用鴨子船

44 Skaftafell National Park 斯卡夫塔費德國家公園 登上冰川的徒步天堂

　　成立於 1967 年，面積 4,800 平方公里，後來於 2008 年併入 Vatnajökull National Park 瓦特納冰川國家公園內。瓦特納冰川國家公園遊客中心位於 Skaftafell，所有參加 Skaftafell 冰河健行的人都要到這裡來集合，不過除了冰河健行以外，遊客中心周邊也有好幾個景點足夠你耗上半天以上的時間，一般冰河健行是 4 ～ 6 個小時的行程，還有時間的話搭配周邊景點，剛好可以變成一整天的行程。

　　抵達瓦特納冰川國家公園遊客中心第一件事就是要繳停車費，停妥車子後如果沒看到收費桿，請直接到遊客中心內的繳費機前，輸入你的車號及信用卡號碼直接繳費。園方都有派人定時巡查停車場車輛，他們只要線上查詢就知道你有沒有繳停車費，沒繳費的話可是會被罰款的。

　　遊客中心有一個大型的露營地提供乾淨的廁所及淋浴間，周邊還有許多健行的路線，健行的路線可依照自己停留的時間長短做選擇，其中最初級的只要走半個小時～ 50 分鐘，即可抵達 Skaftafellsjökull 斯卡夫塔山冰川。沿途大多是平地很好走，而且可以直接摸到冰河上的冰塊，只是你沒有專業的嚮導及裝備的話，千萬別登上冰河，那是一件非常危險的事。

▼ Svartifoss 玄武岩瀑布

若時間充裕 還能選擇瀑布健行

　　另外還有 2 個瀑布的健行路線花費的時間也不算太長，分別是 Hundafoss 瀑布與 Svartifoss 瀑布，這 2 個瀑布都在同一條路線上，不過前半段要爬山會有一點點辛苦，但也不是太困難的路線，大約半個多小時可以抵達 Hundafoss，這個瀑布規模比較小一點，沒有太特別的景觀。繼續往上爬一點就會遇到比較平坦的路，大約半個多小時可以抵達 Svartifoss，這是一座玄武岩瀑布，景觀特別而美麗，如果時間足夠的話倒是很推薦前來一遊。

INFO

📍 64.01663, -16.96661

🚗 Jökulsárlón Glacier Lagoon 傑古沙龍冰河湖至瓦特納冰川國家公園遊客中心 57 公里，開車 50 分鐘

📞 +354 470 8300

🕐 24 小時

📠 無

🌐 https://www.vatnajokulsthjodgardur.is/en

💲 免門票，但要收停車費，1 到 5 人小型車每次 600KR、6 到 9 人小型車每次 900KR

🚗 可

　　　　＊冰島克朗：新台幣匯率為 1：0.247

① Skaftafellsjökull 斯卡夫塔山冰川
② 瓦特納冰川國家公園有許多條冰川可以參觀

最有趣的冰川健行一定要體驗

實現踏上冰河的夢想

　　身處亞熱帶的台灣，連看個雪都得大老遠跑去合歡山，忍受塞人塞車之苦，更別說是冰河這種傳說中的景色了。來到冰島你不只會冰河看到吐，還能夠親自踏在冰河上是許多人非體驗不可的夢想。2016 年，我曾帶著 70 歲興致勃勃的老人家去冰河健行，他們光是走在冰河上就覺得特別開心，可以說是一項老少咸宜必參加的活動。

　　冰河的形成是由於山上終年的積雪，因為重量逐漸增多而向下滑動，這些往低處滑動的雪因為不斷地擠壓變成硬梆梆的冰塊，從山上向下滑動，匯集成巨大的冰體便成了冰河。上游因為在山上氣溫低終年都在下雪，冰河表面覆蓋著新雪呈現平坦且柔軟的樣貌，隨著逐漸往下流動，冰體間開始產生擠壓及裂縫，愈往下游走，褶皺及裂縫就愈多，甚至由山上順著冰河往下吹的寒風，也會切割冰河，讓下游的冰河表面呈現各種不同的樣貌。

冰島小常識

抵達冰河前裝備要穿對，要特別注意冰河健行的穿著問題，在冰河上的溫度大概也只比你在平地上冷一點點，如果沒有風，你不會覺得冰河上會比較冷，甚至因為在冰河上有運動，還會覺得熱或者流汗，所以不要穿太厚重的衣服，建議就是在一般平地會穿的衣服，最外面改成防風外套，運動流汗後如果冷風吹來，會感覺很冷，所以防風外套是一定要的。

▲ 越往下游走冰河褶皺及裂縫就越多

44 Skaftafell 國家公園最熱門

▲ 冰河健行的種類很多

　　整個冰島有好幾個地方可以參加冰河健行，其中 Skaftafell 國家公園是最熱門的冰河健行地點，但也別擔心全部的觀光客都往 Skaftafell 跑，這裡就會太過壅擠，沿著 1 號環島公路一直開，從開始看到冰河開到看不見冰河，這路程長達 150 公里以上，規模之大絕對讓你瞠目結舌。

　　經營 Skaftafell 國家公園冰河健行的業者很多，但不是所有的 Skaftafell 冰河健行就會在同一條冰河上活動，國家公園的範圍極大，冰河也很多條，基本上業者會挑選適合的冰河前往，也不是每次都會挑選不同冰河，大概幾年才會變換一次場地，而不同的團會去不同的冰河，像我連續 2 年報名的旅行團是不同間，去的冰河就不是同一條。

　　每家業者還會針對不同的客層推出不同的冰河健行行程，最初級的全程約 3 個小時，實際在冰河上行走的時間約一小時，踏上冰河的路程不遠，且也沒有太高難度的攀爬，適合各種年齡層參加。接下來是約 5 ～ 6 個小時的冰河健行，實際在冰河上行走的時間約 3 小時，過程中可能有些要攀爬的路段坡度較陡，適合想要點刺激及挑戰的人。最後還有約 8 小時的行程，困難度又會再高一些，這就需要更多的體力與精神，適合平常就有在運動的人。

冰島小常識

若是沒有參團也不會有人阻止你踏上冰河，但沒有專業配備及專業人員的帶領，上到冰河去簡直是自殺。冰河上佈滿各種深達上百公尺的大小溶洞，一不小心踩空你就掉進去冰起來了，被救出來也許是千年後的事了。

44 Glacier Guides 公司知名度很高

① 最初級的 Glacier Wonders -
　Glacier Walk 行程最多人參加
② Glacier Guides 公司在瓦特納
　冰川國家公園遊客中心的辦公室
③ 冰爪鞋

　　這間公司的冰河健行很受台灣人歡迎，許多自助旅行者看到網路上比較多人參加這間就會跟進，10 月連假是台灣人前往冰島旅遊的高峰期，Glacier Guides 公司接駁車一整車 3、40 個人，甚至有九成以上都是台灣人，很難得可以在歐洲遇到那麼多台灣人。

　　Glacier Guides 最初級的 Glacier Wonders — Glacier Walk 行程是最多人參加的，行程時間 3.5 小時，費用是 16 歲以上 10,790 KR（約新台幣 2,761 元），8 ～ 15 歲是 8,093 KR（約新台幣 2,071 元）。可以直接上他們的官網報名，人數多一點的話還可以問問能不能給點折扣。當初是因為要帶 6、70 歲的老人家一起去冰河健行，特別選了這個最簡單輕鬆，且不會花費太多時間的行程，如果你想多花點時間在冰河上的話，就要考慮一下時間更長的行程。

　　每個人都必須在行程開始前的半小時先到集合地點去報到，Glacier Guides 的集合地點在 Skaftafell 國家公園內的遊客中心旁，他們有自己的辦公室，依時間前往集合報到後，工作人員會幫你試穿冰爪鞋，然後連同冰斧幫你綁在一起帶上車。接著搭乘接駁車約 20 分鐘抵達攀爬的冰河停車點，這時你得再花 30 分鐘走到冰河上，真正抵達冰河後，再花 10 分鐘穿上冰爪鞋，並且教你該如何在冰上走路，所以算起來真正上到冰

河已經是集合後一個小時左右的事了。

　　這個行程純粹是讓你體驗在冰河上健行，過程中可以看到冰河皺褶、溶洞等，也不會有太困難的攀爬，整個行程走得並不遠，大多是在比較平坦的區域活動，真正在冰河上健行的時間約一個小時多一點點而已，對年輕人來說可能會嫌太無聊，對老人家來說就夠滿足了。

　　Glacier Guides 另外還有一個 Glacier Explorer，行程的時間 5.5 小時，費用是 15 歲以上 15,490KR（約新台幣 3,964 元），許多想要難度再高一點點，可以在冰河上停留久一點的都是報名這個行程。Glacier Explorer 走的冰河與 Glacier Wonders — Glacier Walk 是同一條，只是停留時間更久，會往上走更遠進入冰河皺褶區，就能看到更多不同的冰河景觀。

從停車場走到冰河約 30 分鐘

44 攀冰更好玩 如身歷《星際效應》場景

①

　　有了之前的經驗,第二次我就找了不同的冰河健行行程,透過 Guide to Iceland（旅行社）參加了「瓦特納冰川徒步＋攀冰」,行程時間 4 小時,費用是 12 歲以上 14,900KR（約新台幣 3,813 元）,這是 Troll Expeditions 公司所營運的行程,在官網上報名與在 Guide to Iceland 上報名的價格都是一樣,只是官網是英文,Guide to Iceland 有中文網頁,還有中文服務人員,會比較好溝通一點。

　　同樣必須在行程開始前的半小時先到集合地點去報到,Troll Expeditions 的集合地點在 Skaftafell 國家公園內,Glacier Guides 辦公室旁的一台廂型車前,依時間前往集合報到後,工作人員會問你的鞋號,要請你先換上他們公司所準備的鞋子,接著把冰爪鞋連同冰斧綁在一起讓你帶上車。與初級的 Glacier Wonders - Glacier Walk 行程一樣,到可以在冰上行走,也已經是集合後過一個小時了。

　　這次攀爬的冰河非常眼熟，竟然是我最愛的電影《星際效應》中的場景，著實讓人非常感動！有了電影的加持，這座冰河在我的眼裡可真是美。行程的開始先帶著大家走一段冰河，抵達一處適合攀冰的地點後，兩個導遊就會架設工具，跟大家仔細說明如何利用冰爪、冰斧、繩子攀冰，接著開始每個人輪流實際攀爬冰河了。

　　從下面看起來大約 3 層樓的高度並沒有很高，可是等到你自己實際爬上去，還真覺得恐怖，好在安全措施很齊全，難度也沒有很高，每個人都完成了攀冰的挑戰。而且在每個人都爬完一遍後，就開放給大家想爬的可以多玩 2 次，玩到沒有人要玩了，導遊又跟大家提議玩單支冰斧攀冰挑戰，光是攀冰就玩了 2 個小時。

① 攀爬冰河刺激好玩多了　② 正在通過比較危險的區域，由領隊在旁邊戒備著　③ 冰河觀光
④ 電影「星際效應」中的場景

▲ 高難度的動作

　　結束後導遊帶著大家在冰河上邊走邊介紹，四處拍攝周遭景象，才結束行程，原本應該是中午 12 點～下午 4 點的行程，最後是快 5 點才回到集合地。這攀冰活動比單純健行好玩多了，再加上導遊很認真地解釋每個地點是哪些電影場景，還有說明各種冰河的知識，讓 4 個小時的行程擴增到 5 個小時，整個讓人覺得很超值啊！

　　冰河健行出發前一天，一定要先看天氣預報，如果天氣太糟會取消行程。取消的話，理論上會在出發前一天接獲通知。但我也遇過行程取消的狀況，當時 Guide to Iceland 與 Troll Expeditions 都沒有在前一天通知，我是親自打電話去問才知道行程取消，這是我比較不滿的地方。

INFO

Skaftafell 國家公園

📍 64.01641, -16.96663　　　　　🎫 無　　　　　🅿 可

其他

Guide to Iceland　🌐 http://cn.guidetoiceland.is/book-trips-holiday/nature-tours/glaciers
Glacier Guides　🌐 https://www.glacierguides.is/
Troll Expeditions　🌐 http://www.trollaferdir.is/
天氣預報　🌐 https://en.vedur.is/weather/forecasts/elements/

冰河健行一定要參加

南部特殊地質景觀推薦

沙灘、海蝕洞、瀑布令人難忘

南部除了冰河這個非體驗不可的景觀以外，接著就是黑沙灘與瀑布，尤其 Reynisfjara 黑沙灘更是冰島最著名的一個，雖然沙灘上的巨浪極其危險，滄海桑田般的暗黑之美卻吸引著一批批的觀光客。彩虹相伴的 Skogafoss 斯科嘉瀑布、可以 360 度環繞的 Seljalandsfoss 塞里雅蘭瀑布、以及藏在洞穴裡的 Gljúfrafoss 瀑布，3 個瀑布都各有特色，每一個都一定要去看。

| **45** | **Reynisfjara 黑沙灘** | 此生必訪的黑沙灘與奇岩 |

❶

　　冰島到處有黑沙灘，這些黑沙灘大都是因為火山活動劇烈，純黑的熔岩經風化所形成，其中南部 Vik 維克小鎮附近的 Reynisfjara 黑沙灘是最出名的一個，因為它不只有黑沙灘，還有巨大的玄武岩地形及海上的奇岩可以看，幾乎是人人必訪的景點。而且它還分成兩個地方，一處是 Dyrhólaey 迪霍拉里，另一處就是 Reynisfjara 黑沙灘，雖然就在隔壁而已，卻也要分別繞路才有辦法抵達這兩個景點。

　　前往 Reynisfjara 黑沙灘必須由 1 號公路轉進 215 號公路，行駛約 5 ～ 10 分鐘的車程可以抵達，停車場邊有一間餐廳，還有收費的廁所（上一次廁所約新台幣 60 元），雖然廁所號稱可以刷卡，但是連續 2 年都沒有刷卡成功過，這種好不容易決定花一個便當錢來上廁所，最後卻有錢也上不到的心情，只有在冰島才有。

世界最美的非熱帶沙灘

由餐廳走到黑沙灘的路旁有大大的告示牌，警告各位遊客不要太接近海水，這裡的巨浪非常危險，2016 年的時候就曾經捲走一位中國遊客。由於黑沙灘的透水性極高，你很難看得出來海浪到底會打到多高，再加上這裡的海浪大，一個不小心就可能被捲入海裡喪命，請切記要離海浪遠遠的。

Reynisfjara 黑沙灘在 1991 年曾經被選為世界最美的非熱帶沙灘，沒有陽光、沒有椰子、沒有比基尼辣妹，只有一望無際的黑沙、陣陣的巨浪及凜冽的寒風，這種滄海桑田的美，只有冰島才有。黑沙灘上有一個巨大的玄武岩洞，周圍全是六角形的玄武岩柱，許多遊客都會爬上玄武岩柱拍照，要多注意安全。

另一個重點景觀是遠方 3 座矗立在海上的巨石，傳說中 2 位北歐精靈趁著黑夜要拖一艘三桅船上岸，過程中不小心耽擱了一下，日出的光芒從雲層穿出照在精靈身上就將他們全部石化了，可憐的精靈從此一輩子都得站在海中，任由風吹日曬雨打。許多人會站在海灘上以巨石為背景拍照，再次提醒請離海浪遠遠的，免得被捲進去海裡陪精靈。

INFO 🚗

📍 63.40414, -19.04449
🕐 瓦特納冰川國家公園遊客中心至 Reynisfjara 黑沙灘 150 公里，開車 2 小時

① Reynisfjara 黑沙灘在 1991 年曾經被選為世界最美的非熱帶沙灘
② 玄武岩是觀光客的最愛
③ 矗立在海上的精靈

❷

❸

45 **Dyrhólaey 迪霍拉里**　　　　　　　　俯視欣賞黑沙灘另一種美

　　離開 Reynisfjara 黑沙灘回到 1 號公路後再轉進 218 號公路，一路向上爬 5 ～ 10 分鐘即可抵達 Dyrhólaey 迪霍拉里。由停車場再往上走一點點就可以看到這裡的地標燈塔，從這裡可以居高臨下俯瞰連綿的黑沙灘整片延伸到地平線的盡頭，另一邊還有火山岩海蝕拱門及 Arnardrangur 鷹石。

　　居高臨下眺望整片黑沙灘感覺又與站在沙灘上不同了，從上帝的視角俯瞰整個大地，黑色的沙灘消失在地平線上，一邊是翻成白色浪花的大海，另一邊則是偶爾蓋著綠草的光禿地面，強大的陣風似乎快要把人給吹下海，若不是 1 號公路上偶爾有幾輛車移動著，我還真的會以為自己是身在另一個星球上，跟我們心中充滿顏色及生機的地球相差太遠了。

INFO

63.40347, -19.13036

Reynisfjara 黑沙灘至 Dyrhólaey 迪霍
拉里 20 公里，開車 25 分鐘

① 居高臨下俯瞰連綿的黑沙灘整片延伸到地平線的盡頭
② 火山岩海蝕拱門　③ Dyrhólaey 迪霍拉里　④ Arnardrangur 鷹石

46 Skogafoss 斯科嘉瀑布
一窺冰島最美的水光雲彩

　　冰島南部最大的瀑布，也是冰島最美最具代表性的瀑布之一，如果你有看到冰島的旅遊介紹，裡面大都會放上 Skogafoss 斯科嘉瀑布的照片。這個寬 15 公尺落差 60 公尺的瀑布由於水量大、落差也大，現場總是水氣瀰漫，在陽光的照射下彩虹就守護在瀑布旁，有時候運氣好甚至可以看見雙彩虹，而且只要有陽光就幾乎會出現彩虹，也因此而被命名彩虹瀑布。

　　很久以前 Skogafoss 彩虹瀑布所在的位置可是海岸峭壁，河水直接由峭壁上流入大海，現在海岸線距離瀑布已經有 5 公里遠，以前的海底變成現在的停車場，我們才能站在海底欣賞著美麗的彩虹及瀑布。想要拍攝瀑布美景建議要穿雨衣，甚至也要幫相機穿

INFO

- 63.53195, -19.5112
- Dyrhólaey 迪霍拉里至 Skogafoss 斯科
  嘉瀑布 28 公里，開車 30 分鐘

① Skogafoss 斯科嘉瀑布是冰島南部最大的瀑布
② 爬上去峭壁的頂端從上游看瀑布

❶❷

雨衣，瀑布大量的水氣可以飄散上百公尺之遠，從你身上淋濕的狀況就知道你有多靠近瀑布了。

　　這裡的停車場很大，還有管理中心附設廁所及好幾張休閒桌椅，尤其是管理中心建築物走廊的休閒桌椅特別受歡迎，可以遮風避雨還能防寒，每次來都利用這張桌椅煮中餐，不用再擔心外面大風讓水很難燒開。

　　瀑布的旁邊有步道可以爬上去峭壁的頂端從上游看瀑布，不過說實話並不會比站在下面看還美，只是爬到上面後還有步道可以去看更上面另一個瀑布，如果有時間、體力的話，真的可以爬上去走走看看。

47 Seljalandsfoss 塞里雅蘭瀑布　　伴隨夕陽奇景的水濂洞瀑布

① 穿越瀑布進到洞裡往外看
② 2017 年開始收費了
③ Seljalandsfoss 塞里雅蘭瀑布

　　冰島文「Seljalandsfoss」中譯是「塞里雅蘭瀑布」，它的高度約 60 公尺，水量沒有很大，但是因為可以穿越瀑布到後面的洞穴而被我們稱為水濂洞瀑布，冰島旅遊的宣傳照內有時也可以看到一張瀑布與夕陽一同入鏡的照片，景色特別又美麗，再加上又在一號環島公路旁交通方便、吸引無數的人前來。

　　2016 年還是免費的停車場，2017 年開始收費了，停一次 700KR，現場如果剛好有遇到收費人員可以直接繳費，不然的話就是找機器用信用卡繳費，再把繳費單放在汽車擋風玻璃下即可。雖然停車要收費，現場卻有免費的廁所可以上，上越多賺越多，感覺蠻划算的。

　　從停車場走過去瀑布只要 3 分鐘，如果要穿進瀑布的洞穴內，雨衣或防水外套是一定要的，雖然瀑布不是直接打在身上，而是水氣瀰漫的那種，但是也要有基本的防水外套才不會濕，畢竟冰島氣溫偏低，衣服弄濕了會很冷。穿越瀑布進到洞內往外看，奔流而下河水激起陣陣水花，嘈雜的水聲及撲面而來的冰冷水氣，構成一次特別的穿越瀑布體驗。

INFO

📍63.61545, -19.99065
🕐Skogafoss 斯科嘉瀑布至 Seljalandsfoss 塞里雅蘭瀑布 30 公里，開車 30 分鐘

47 Gljúfrafoss 瀑布　　　　　　隱居洞穴中的天然祕境

① 要看瀑布你得涉水走進去山洞內　② 感覺就像是武俠小說中一處隱密的練功地點一樣

　　由 Seljalandsfoss 塞里雅蘭瀑布停車場開車至 Gljúfrafoss 瀑布停車場大約 1 分鐘，不過由於瀑布是藏在山裡面，你得注意看一下路邊有人停車就是了；從 Seljalandsfoss 走路過去也不遠，大約 10 分鐘可以走到，可以直接散步過去就好。

　　這個小瀑布比前一個知名的 Seljalandsfoss 更加有趣，要看瀑布你得涉水走進去山洞內，2016 年 9 月前往時，還可以踩在石頭上進入洞內鞋子不會濕，2017 年 9 月及 2018 年 7 月再訪時水變深了，得脫下鞋子赤裸裸的雙腳泡在 5 度左右的冰水裡，感覺特別爽快！

　　進入洞內是一個蠻大的空間，四周圍全部都被石頭給包圍，僅剩天空的一口井，瀑布水從井口傾瀉而下，每個人都要站上洞穴內的一顆大石去拍照，這樣的場景很不同於其他的景點，感覺就像是武俠小說中一處隱密的練功地點一樣。相較於 Seljalandsfoss，這裡的遊客少了許多，很多人一看到要涉水才能進入也就放棄了，但是我得說進去你一定不會後悔。

> **INFO** 🚗
> 📍 63.62123, -19.98825
> 🕐 Seljalandsfoss 塞里雅蘭瀑布至 Gljúfrafoss 瀑布 650 公尺，開車 1 分鐘

48

走進熔岩博物館
大開眼界 　深入冰島的必訪景點

2017 年開幕的 Lava Center 熔岩博物館是冰島專業導遊朋友 Maria 推薦的景點，是一處能徹底了解冰島地理特色的景點。它就位於冰島西南部 Hvolsvollur 小鎮的 1 號公路旁，無論你是環島，還是由首都前往著名的瓦特納冰川國家公園都一定會經過，如果時間允許的話，建議就來這裡停留逛逛吧。

沒買門票入館的話，你可以看看接待大廳的全島投影圖，也能逛逛紀念品商店。看展覽與電影才需要買門票，可以選擇只看電影或者是展覽與電影一起看。電影片長只有 12 分鐘，主要是放映冰島最近火山噴發的紀錄片，很有震撼效果，但是相較之下，展覽廳的東西又更吸引人。

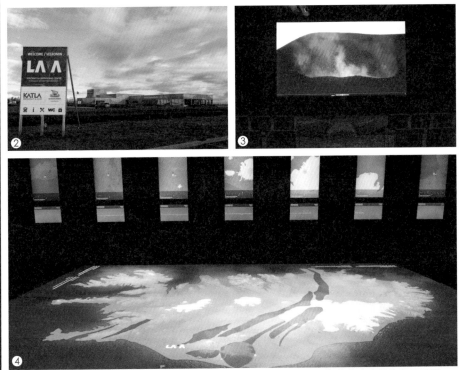

①② Lava Center 熔岩博物館 ③ 電影放映冰島最近火山噴發的影片 ④ 接待大廳的全島投影圖

如親臨火山噴發現場

　　冰島的建築設計一向非常有它自己的特色，就連 Lava Center 熔岩博物館也不例外，外觀維持著北歐建築的低調與簡潔，內部配置以接待大廳為中心向東南西北延伸，東邊是餐廳、南邊是紀念品商店、西邊是展覽廳、北邊是放映廳。接待大廳有一個冰島的全島投影圖，這裡不但可以看到冰島的整個樣貌，更可以看到全島的斷層與即時的火山活動狀況，牆面上還展示著各個地點的火山及斷層活動紀錄，這樣的動態展示讓人感覺非常特別。

　　購票後進入展覽廳，首先會通過「火山長廊」，它是一條火紅色的通道，紅通通的凹凸牆面上展示著自西元 1900 年以來，冰島上所有的火山噴發活動。剛走進去的時候就被這赤色牆面給震撼了，感覺就像是岩漿在眼前流動。

一次探索冰島的身世之謎

　　繼續往前走進介紹冰島的形成與發展館，展場內一個大型球形儀顯示了冰島的地理歷史，若轉動扶手可以看到北大西洋的板塊變化，以及冰島是如何從北大西洋誕生的。這個互動式球形儀會讓人駐足許久，一直忍不住左轉、右轉，仔細端詳大西洋板塊變化，看著板塊慢慢移動，以及從海底漸漸誕生的冰島，實在是非常有趣。

　　下一個展廳是解構長廊，走在長廊內會突然感受到地面的震動，沒錯，就是要讓你實際體驗地震的感覺，這對許多西方遊客來說可能是很新鮮的體驗，但生在台灣的我們對地震應該不陌生，感受到的不只是這種地面晃動而已，還有房屋搖動、物品掉落的聲音，我們的親身經驗比這裡真實太多了。

互動式展廳臨場感十足

　　岩漿源流廳裡可看到一條火紅色的岩漿柱由樓下竄升，它想要表達地球內部的高熱岩漿由地幔向上攀升，直達位於天花板的冰島，成為冰島上的各種火山活動的原因。繼續往前走到岩漿走廊，延續前面的主題，利用燈光視覺效果製造出身處岩漿隧道內的臨場感。

　　火山學簡介廳是我最愛的展廳，裡面有許多互動式的電腦螢幕，透過手指，可以看到各種火山地形的形成原因，以及冰河下的火山與海底火山噴發後的狀況，這些遠遠比國中教科書中的地球科學來得有趣太多了，光是這點就讓我覺得熔岩博物館非常值得前來。下一個灰燼走廊是透過水與超音波，製造出火山灰燼漂流的臨場感受，在這裡感受一下火山灰就好，要是體驗真實的火山灰可是有致命的危險。

　　最後一個真實火山位置廳也很有趣，3 面牆上有著熔岩博物館附近 5 座火山的實際地形投影，透過觸控可以點出每個火山的相關資訊，也能看到火山噴發的真實狀況及噴發後下起火山灰雨的情形，對於從沒有看過火山噴發的我們來說，是非常難得的體驗。

　　以上是展覽廳的介紹，雖然費用不便宜，但認真看完每個展廳，就會對冰島的火山地貌更有概念，在實際走逛景點時，印象會更加深刻，所以我是真的很愛，也很推薦這個博物館。

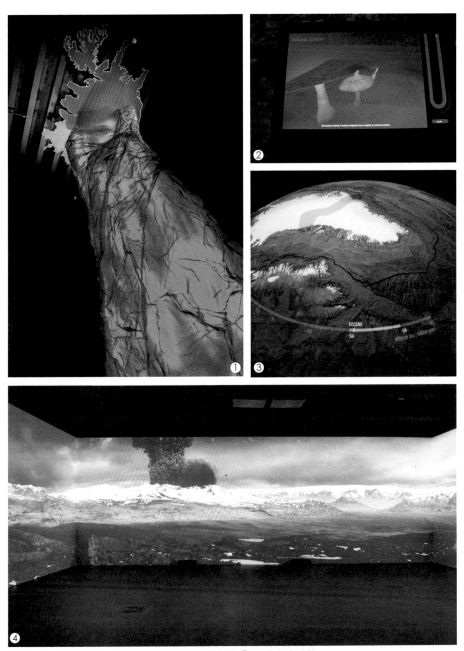

① 地球內部的岩漿向上竄升 ② 互動式的電腦螢幕 ③ 互動式球形儀
④ 牆面上有火山的實際地形投影

特色火山岩戰利品別錯過

　　離開展覽廳後可以去逛逛紀念品商店，如果你想買不是一般紀念品店會賣的特別紀念品，來這裡就對了，價錢更貴，但是在其他地方真的是比較少見，例如這裡的火山岩降溫冰塊就很精緻，跟一般紀念品店賣的差很多，價錢大概貴四成，但是沒買的話，其他地方就很難找到一樣的東西了。

Katla Restaurant 冰式吃到飽 點羊肉湯準沒錯

　　熔岩博物館的餐廳在西方人的眼裡評價很不錯，只是西方人的評價好不見得東方人會喜歡，所以我得親自去吃過才知道。我在 2017 年去的時候它是 Buffet 自助餐，但是冰式自助餐吃到飽跟咱們台灣的自助式吃到飽差得遠了，冰式吃到飽是一個盤子讓你裝到滿，你能裝多高就多高，只能裝一次，整盤堆滿滿看起來很豪邁、很有維京人的粗曠感，但選到不好吃的也很慘。

　　當時點了「半自助餐 1/2 Buffet」，湯＋主菜＋配菜 3,350KR（約新台幣 950 元），3 種湯可以選一種，據說羊肉湯最好喝，所以也選了羊肉湯。嘗起來確實很不錯，只是鹹了一點。主菜可以挑海鮮、豬肉、羊肉或牛肉，配菜種類不少，我選了米飯、馬鈴薯、雞翅、豬肋排、捲餅等，裝完也是滿滿一盤。以一盤加上湯的份量對男生來說可以吃飽，對女生而言有點太多；味道還不錯，但絕對稱不上非常好吃的美食，尤其是味道偏鹹，大家都得裝水來喝，另外有提供咖啡免費暢飲。

▼ 熔岩博物館內的餐廳

① 餐點還不錯 ② 羊肉湯很受歡迎

　　2019 年再查詢發現似乎已經改成單點的餐廳，評價仍然很好。基本上離開首都後要找到一間餐廳已經不容易了，再加上還要找到一間餐廳能夠以不到 1,000 元台幣的價格吃到這麼多種食物，味道又豐富，在冰島確實是已經不錯了。我想如果自己懶得煮，又想來吃一吃冰島口味，還要吃得飽又不會花太多錢，Katla 餐廳確實是不錯的選擇。

INFO

🏠 Austurvegur 14, Hvolsvöllur

📍 63.753160, -20.236790

🕐 Gljúfrafoss 瀑布至 Lava Center 熔岩博物館 32 公里，開車 30 分鐘

📞 +354 415 5200

🕐 博物館每日 9：00 ～ 19：00
餐廳每日 9：00 ～ 20：00，12 月 24 日、25 日、31 日、1 月 1 日 10：00 ～ 16：00

📷 無

🌐 https://lavacentre.is/

💲 展覽與電影：
19 歲以上每人 3,200KR
12 到 18 歲 1,600 KR
成人陪同的 11 歲以下孩童免費

只看電影：
19 歲以上每人 1,200KR
12 到 18 歲 600 KR
成人陪同的 11 歲以下孩童免費

展覽與電影的家庭套票：
包含父母及 0 到 16 歲的孩子 6,400 KR

💺 可

📸 可

＊冰島克朗：新台幣匯率為 1：0.247

Hveragerdi 溫泉小鎮慢行
白煙孃孃溫泉慢行

Hveragerdi 位於首都 Reykjavik 雷克雅維克西南方約 40 分鐘車程的小鎮，以豐富的地熱溫泉出名，冰島朋友 Maria 就住在這個小鎮，所以連續 2 年的冰島行都特地安排到 Hveragerdi 住宿，透過 Maria 的介紹，才知道原來這座小鎮也有 Reykjadalur Valley 野溪溫泉、Geothermal Park 地熱公園等景點，亞洲來的觀光客不多，非常值得前往一探究竟。

| **10** | **Reykjadalur Valley 野溪溫泉** | 民間友人的私房露天裸湯 |

首先要介紹的是 Hveragerdi 最受歡迎，也是我個人非常喜歡的冰島景點，在小鎮北方的 Reykjadalur 山谷裡有一處天然的野溪溫泉，Maria 說好幾年前這野溪溫泉可是她的獨享浴池，當年發現時候，根本沒有人知道這裡，所以每次來都脫個精光直接享受天然露天溫泉。

有一次她帶外國沙發客一起來泡溫泉，這個神祕的私人景點被公諸於世而慢慢傳了開來，觀光客越來越多，Maria 因為無法享受一個人的露天裸湯，也就很少再去了。9 月前來時，已經不是旅遊旺季了，停車場卻停滿了車子，這個天然溫泉小溪受歡迎的程度可見一斑。

美好野溪溫泉前的考驗

前往 Reykjadalur Valley 野溪溫泉首先到了停車場，接著是一段長度約 3 公里的登山健行路線，爬坡高度大約 200 公尺，只有剛開始的那段快速爬升會有一點辛苦，整個健行時間單程約一個小時，沿路也有好幾處優美風景可拍照，所以除了泡溫泉，也可放慢腳步欣賞沿途美麗風光，這是一個可放鬆身心及眼睛疲勞，雙重享受一次擁有的景點。

野溪溫泉現場有木棧道及簡易更衣隔板，許多外國人就大刺刺地脫光換起泳裝來，若是有顧忌的話可帶條大毛巾去，請人幫忙拿毛巾圍一下或是直接表演毛巾內更衣 DIY，建議出發前裡面就先換上泳衣、泳褲，到現場就可以直接泡了，回程再換下就好。

① 泡溫泉前先要來個登山健行
② 虛無飄渺的景色

個人獨享的溫泉池

　　木棧道沿著野溪溫泉而建，沿著木棧道往上游走，越往上游水溫越高，建議先試試哪一段的水溫可接受，在附近脫衣避免受寒。不過根據我實際的經驗，即使你沿著木棧道往上游走到最盡頭，水溫可能還是不到台灣人泡溫泉的標準，這種水溫在西方人看起來卻是剛剛好，所以他們大多都在木棧道旁就泡起溫泉。

　　離開木棧道繼續往上游走，有黃色的溫泉出水源頭，那裡可是 100 度的高溫泉水，再稍微往前走，溫泉溫度應該就會更適合台灣人，水溫稍微熱一點（大約 40 ～ 45 度）。不像下游的溫泉擠滿外國旅客，上游的溫泉溫度對他們來說太熱，想獨佔舒適的野溪溫泉就多走幾步到上游吧！

　　說起來還真是嫉妒 Maria 家附近就有一個這麼棒的野溪溫泉，無論春夏秋冬都可享受溫泉，雖然冬天會冷得要命，但 Maria 說她趁著晚上四下無人的好天氣，終於又能享受裸湯，甚至還邊泡溫泉邊看極光，讓人恨得牙癢癢，想冬天立刻飛一趟冰島。

① 沿途風景優美還有地熱景觀
② 沿著木棧道往上游走，越往上游水溫越高
③ 簡易的更衣隔板
④ 個人獨享的溫泉池

INFO

📍 64.022515, -21.211627
🕐 Lava Center 熔岩博物館至 Reykjadalur Valley 野溪溫泉停車場 65 公里，開車 1 小時
Reykjavik 雷克雅維克至 Reykjadalur Valley 野溪溫泉停車場 50 公里，開車 50 分鐘

冰島小常識

地熱資源非常豐富的小鎮，通常洗澡水也是天然的溫泉水，像是 Hveragerdi 惠拉蓋爾濟鎮內的住宿就能洗到溫泉澡，尤其在寒冷的冰島有溫泉水可以洗澡更是舒服，時間允許的話可以安排溫泉小鎮住上一晚。

Hveragerdi 小鎮內就有溫泉源頭，要買門票（300KR）才能進入，門票只比上廁所貴一些。走遍冰島，終於找到一個地方能煮溫泉蛋，再花 300KR 就給你一支釣竿一顆蛋，在冰島真的算是佛心價。

Geothermal Park 的規模並不大，裡面有溫泉源頭、溫泉輸送設施、冒著蒸氣的地洞、泥溫泉等，現在還有泡露天泥溫泉的設施，需要另外付費。進到園區內可以煮溫泉蛋（約 10 分鐘），溫泉池塘旁邊可泡泡腳，周邊除了有地洞冒出陣陣白煙的景觀要是夠幸運的話，還能看到間歇泉的噴發。

危險！別離開步道

參觀時切記不可離開規劃的步道，由於溫泉區地質極為脆弱，地表下有許多溫泉地洞，如果誤踩禁區可能會造成表面土層崩塌而整個人掉入地洞內，想像一下地洞內都是極高溫的溫泉，一不小心掉進去可是小命不保，過去真的發生過這樣的憾事，遵守安全規定為上策。

INFO

📍 64.000908, -21.187133

🕐 Reykjadalur Valley 野溪溫泉停車場至 Geothermal Park 地熱公園 4 公里，開車 10 分鐘

📞 +354 483 5062

🕐 週一至週六 9：00 ～ 17：00

🚫 週日

🌐 http://www.hveragerdi.is/English/

💲 12 歲以上每人 300 KR
成人陪同的 11 歲以下孩童免費

💳 可

🅿 無

① Geothermal Park 地熱公園
② 一支釣竿一顆蛋就能煮溫泉蛋了
③ 冰島唯一吃得到溫泉蛋的地方就在 Geothermal park 地熱公園

10　Kjöt & Kúnst Earth Cooking 地熱廚房

用地熱烹煮佳餚

　　這間餐廳位在地熱公園隔壁，標榜用地熱烹煮食材，廚房就在餐廳外面，一個露天冒著陣陣白煙的天然地熱爐。這種用地熱煮飯是很新鮮的嘗試，只是最便宜的湯與麵包套餐要價台幣 650 元，在冰島其實算平價的料理，但當時卻捨不得吃，現在想起來實在覺得，與其為了省一些錢留下一些遺憾，不如好好享受當下。另外也有提供蛋糕與咖啡，吃不了正餐，下午茶也是不錯選擇。

① Kjöt & Kúnst Earth Cooking 地熱廚房
② 麵包店 Almar Bakari 很受歡迎

INFO

Kjöt & Kúnst Earth Cooking 地熱廚房

🏠 Breiðumörk 21, 810 Hveragerði

📍 64.000374, -21.186469

🕐 Geothermal park 地熱公園至 Kjöt & Kúnst 餐廳 20 公尺，開車 1 分鐘

📞 +354 483 5010

🕐 4 月 1 日至 10 月 31 日 11：30 ～ 21：00

📅 週日

🌐 http://www.kjotogkunst.is/

💳 可

🈺 可

Almar Bakari 麵包店

📍 63.995235, -21.189796

🕐 每天 07：00 ～ 18：00

冰島小常識

鎮內的麵包店 Almar Bakari 很受歡迎，他家的麵包確實好吃值得前往購買，旁邊就是小豬超市及 Orkan 自助加油，這間加油站油價是我看過冰島最便宜的。

冰島
還能這樣玩

騎冰島馬初體驗

馬兒帶你貼近大自然

▲ 馬場人員隨時在隊伍旁照顧大家

　　如果有機會一定要體驗冰島馬的熱情！在 Snorrastadir Farm Holiday 斯諾拉斯塔迪爾農家樂農場住宿的時候，開車遇上農場養的馬群，牠們就大剌剌地走在馬路上，完全不打算讓路給車子過，我們只好停下車來，慢慢接近馬群。誇張的是，馬兒看見我們，竟然也就朝我們的方向走來，不需要用任何食物引誘牠們。看來，馬兒在冰島上很少見到人，一旦見到了，也是會對人感到好奇。

★ 療癒人心的馬兒

　　馬群不只向我們走來，竟還包圍我們的車子！下車去跟牠們互動，牠們還一直對著我們撒嬌，討摸討拍拍，感覺特別療癒人心。更有趣的是，還有幾匹好奇的馬兒走到我們租用的休旅車旁，舔起引擎蓋上的雨水，啃起後照鏡，馬兒愈來愈多，最後竟把整台車都給包圍了，這冰島馬也太可愛了吧！

　　說起冰島馬，牠們跟冰島人給人的印象還真是大不相同，身為維京人的後代，冰島人確實人高馬大，但冰島馬平均身高卻只有 140 公分左右，嬌小的體型實在讓我跌破眼鏡。據說，冰島馬是維京人在西元 9 ～ 10 世紀從歐陸帶進冰島，由於沒有跟其他馬種接觸，也就一直保持著純正的血統。後來冰島政府也極力保護冰島馬，不只禁止進口馬匹，甚至規定舉凡是離開了冰島的馬兒就不能再回到冰島，所以眼前看到的冰島馬全都是沒有出國比賽過的喔！

① Eld Hestar 馬場
② 哈爾格林姆教堂 Bus Stop 8 集合地點

★ 騎馬、賞地景獨特體驗

　　騎馬是冰島熱門活動項目之一，幾乎每個地方都有。在此介紹 Guide to Iceland 網站上的「3 小時騎馬 + 溫泉地貌旅行團」，這是由 Eld Hestar 馬場實際營運的行程，在 Eld Hestar 官網上報名與在 Guide to Iceland 上報名的價格都一樣是 15,000KR；Eld Hestar 官網是英文，而 Guide to Iceland 有中文網頁、中文服務人員，也有行程評價機制，找行程的同時可以順便看看其他人的評價，有問題可以直接用中文跟 Guide to Iceland 人員溝通，對很多人來講都會比較方便。

　　預定行程時，需要先選擇接送的地點，住在首都 Reykjavik 雷克雅維克的話，官網上會列出各家飯店、民宿，只要找看看有沒有你住的飯店；官網上會告知集合地點，我當時住在 Hallgrimskirkja 哈爾格林姆教堂附近，那裏剛好就有個集合地點（Bus Stop 8）。

冰島小常識

Bus Stop 是冰島政府為了要維持首都市中心的交通流暢所設立的等車集合地點，總共有 13 個，居住在市中心的人參加行程或需交通接送時，就會被要求到這幾個集合地點等車，詳細的位置請查詢官網。

Bus Stop　　　🌐 https://busstop.is/

★ 騎馬裝備要齊全

抵達馬場後，會有專人帶領前往換裝，安全帽、手套等基本的配備由馬場提供，因為當時去的時候是下雨天，還有雨衣、雨褲可以穿，不過神奇的是，即使穿了整套的雨衣褲大家還是反應騎完馬後褲子都濕了，甚至連內褲也濕了。至於為何下半身會濕卻說不出個原因，因為上半身都沒濕阿！10 度不到的低溫，褲子濕掉是很慘的，好在雨褲還有防風及稍微保溫的效果，雖然內褲在野外濕了也不至於太冷，進到室內後也還有暖氣，蛋蛋還不至於凍傷就是了。另外，特別建議手套最好自己帶，馬場提供的手套非常破爛，遇到下雨的話有戴也像是沒戴，用自己的會比較好。

著裝完成後，直接到外面馬場分配馬匹，工作人員把馬交給你時，會順便告訴你牠的名字，先跟馬說說話問安一下，順便摸摸牠，請牠多多關照了，接著由工作人員協助上馬，說明如何駕馭馬匹，然後就出發。其實出發時我有點驚訝，因為有關騎馬的說明實在太簡略了，而且也沒有實際練習一下就直接上路，真是讓第一次騎馬的我特別擔心！

★ 騎馬就要有技巧

話又說回來，冰島馬體型小，騎在上面也沒有很高，比較不會感到恐懼；再者牠們真的非常溫馴，所有的馬兒都會跟著前一匹走，基本上不大需要控制牠們，前面的馬怎麼動作，後面的馬也就跟著動；唯一比較不同的是，要是跟我一樣騎到「餓死馬」，就得一路催牠繼續走，因為牠只要抓到機會就低頭猛吃。催也沒用時，馬場人員就會來趕牠，這時候就要開始擔心了，因為我覺得馬在小跑步的時候，是最危險的時候，不時覺得自己會落馬，只得拚命夾緊馬鞍，不過隨著馬兒多跑幾次，騎在馬背上的我也就抓到技巧了！雙腳站起微蹲，讓屁股與馬鞍保持一些空隙，身體就會很穩，不會隨馬匹上上下下，蛋蛋也不會跟著上上下下撞到快破掉，抓到這個技巧，就可以穩穩地騎馬，沒有問題了。

觀看珍貴的冰島森林

整個實際騎馬的過程大約是 2 ～ 2.5 小時，由馬場出發後往北走，沿路欣賞冰島清幽的風光，走了一段路後會進入一片樹林，導遊會在樹林裡解說冰島的森林。如果有注意的話，會發現冰島的樹真的非常少，導遊說維京人在 1,000 多年前來到冰島，當時冰

島的植被茂密，因此維京人可以很奢侈地砍樹來用，1,000 多年的砍伐後，才領悟到樹木一旦被砍下就長不回來了。因為這裡的氣候條件太嚴苛，樹要成長非常困難且要花很久的時間，維京人把冰島花了好幾萬年才長成的森林全砍光了，沒有了森林，冬季環境在強風的吹襲下就更加惡劣了。

　　如今在冰島上看見的森林，最早可以追溯自 50 年前冰島政府開始計畫性地進行森林復育。由於每年只進行一點，再加上樹木生長速度非常緩慢，當時我們騎馬經過的森林年齡也才 20 ～ 30 年，樹木高度最多就 2 公尺多一些，騎在馬背上甚至都還比很多樹高。對冰島人來說，森林可真的是非常珍貴，因此觀看森林才會被安排在騎馬行程內！「嬌小」的樹木甚至讓冰島有了這樣一則冷笑話：「萬一有一天，你在冰島森林裏迷路了，站起來就好！你就會知道怎麼回家了……」。

① 騎馬是很棒的體驗　② 冰島馬熱情如火

溫泉區危險四伏

穿過森林後，接著往溫泉區域移動，所謂的溫泉區域，是一處處冒著地熱的谷地，路邊都還有些繩子提醒民眾不要跨越。這些谷地雖然只是一個個冒著些許白煙的小口，但有可能地面下有一大池的高溫溫泉，如果重量太大，整片土地可能會崩塌，人就掉進去溫泉內被煮熟囉。這種事在冰島確實發生過，這也是為何冰島許多有地熱的地方都會有這種繩子和警告標語，說明危險性真的不容小看。

看完地熱後，再騎馬涉水過一條小河就是行程的終點，接下來就是沿著原路回去了。回到森林前有一小段休息時間，提供簡單的咖啡及茶點，但是天空下著小雨，我又穿著厚重的雨衣，加上擔心喝完咖啡會想上廁所，也就沒有品嘗了，就只是陪著我的馬兒吃草。很可惜騎馬的時候不允許背包包，且因為下雨，也就沒把單眼相機帶在身上，沒辦法多拍照；騎在馬背上又擔心單手拿手機拍照不是手機摔就是人摔，所以這趟騎馬旅程沒拍到什麼照片，如果沒有下雨，這趟行程就堪稱完美了，但冰島下雨真的是常態啊！

INFO

Guide to Iceland
🏠 Borgartún 26 105 Reykjavík

📞 +354 483 5010

🅿 無

🈯 可

💲 15 歲以上 15,000KR
　 7 到 14 歲 12,000KR，費用含首都市區接送（3 小時騎馬行程）

其他
Eld Hestar　　🌐 https://eldhestar.is/

＊冰島克朗：新台幣匯率為 1：0.247

① 危機四伏的溫泉區
② 冰島的樹真的非常少
③ 完成著裝後直接到外面馬場分配馬匹

熱血壯遊推薦好書

真正活一次,我的冒險沒有盡頭!從北越橫跨柬埔寨,一場6000公里的摩托車壯遊
黃禹森 著 / 定價380元
以青春和熱情探索世界,重塑內心對世界及生命的認知;要在這有限的生命中,突破自我設限,找出自己的生活之道,對他而言,這樣的人生,才叫活著!看似過著「不務正業生活」的一位八年級生,在大學畢業後並未遵從父母期待,找一份穩定的工作打拚。他不慌不忙,依循自己的步伐,從家教兼職開始累積旅費,規畫著一場充滿青春、熱血的「窮遊之旅」。

別怕!B咖也能闖進倫敦名牌圈:留學X打工X生活,那些倫敦人教我的事
湯姆(Thomas Chu)著 / 定價360元
明明一樣是在海外打工度假,他卻在APPLE、Burberry、AllSaints……等品牌工作!讓湯姆來告訴你,打工度假不是只能在果園、農場、餐廳……你可以擁有更好的!面試實戰經驗,精采倫敦體驗,橫跨留學、工作、生活,倫敦教給他的三年,跟別人都不一樣。

搖滾吧!環遊世界
Hance、Mengo 著 / 定價320元
面對未來,還在躊躇不前嗎?平凡的七年級生Hance&Mengo用實際的行動,大聲告訴你:夢想並不遙遠,你缺少的只是大步向前的決心!拋開內心小劇場的糾結扭捏,貫徹最自由的搖滾精神,兩人決定攜手繞地球一周,希望透過這一趟旅程,將實現自我的勇氣也分享給你,還在「想」要做什麼嗎?現在就堅定的踏出第一步吧!

跟著有其甜:米菇,我們還要一起旅行好久好久
賴聖文、米菇 著 / 定價350元
一個19歲的男孩,一隻被人嫌棄的黑狗(米菇),原本不可能有交集的生命,在一個如常的夜裡有了交會一男孩開始學習與狗相處,米菇開始信任人類;最後他們決定,即使米菇只剩2年壽命,也要一起去旅行!於是,一人一狗,一只背包,一個滑板,出發!因為愛,更因為不想有遺憾,所以必須啟程。

享受生活推薦好書

闖進別人家的廚房：市場採買X私房食譜
橫跨歐美6大國家找家鄉味
梁以青 著／定價395元
一個單身女子，一趟回歸原點的旅程，卻意外
闖進了別人家的廚房，從墨西哥媽媽到法國型
男主廚再到義大利奶奶，從美洲一路到歐洲，
開啟了一場舌尖上的冒險之旅！美食總是在當
地人的廚房中，快跟著作者走訪各地的廚藝教
室，也跟當地餐廳及民宿老闆學做料理，而且
還不用付學費！不只多道在地媽媽的私房菜，
還有挖寶的好去處，要你買得、吃得最道地！

東京小日子：Long stay！校園生活X打工賺
錢X暢玩東京
妙妙琳 著／定價300元
人生值得冒險一次，日文程度不是問題！留
學、打工度假、小旅行都能順利通關！不論是
年輕學子想出外闖蕩挑戰大世界，小資男女想
要稍作喘息或嘗試轉換跑道，或是單純喜歡日
本想親身感受在地生活甘苦，都快跟著妙妙琳
一起置身東京的人文風土與四季流轉，感受
它的優雅時尚與生活的酸甜苦辣，來場東京
LONG STAY吧！

京町家住一晚：千元入住京都老屋民宿
陳淑玲、游琁如 著／定價320元
從住宿開始探索京都，體驗傳統京町家之美，
穿梭靜謐的巷弄之間，品嘗道地的煎茶、咖
啡、美食，參訪著名寺廟、宮殿遺跡……包羅
在民宿的周邊，漫步幾分就能到達！可以「到
川端通看藝妓！」可以「探訪如《神隱少女》
場景的溫泉澡堂！」或是到「安井金比羅宮」
結善緣、到「鴨川河畔」喝咖啡……跟著本書
換一種旅行的方式，入住傳統優美的京町家，
當一日京町家主人！

倫敦地鐵購物遊：5大區人氣商圈x300家精
選好店，時尚達人帶你走跳倫敦
蔡志良 著／定價450元
就讓倫敦旅遊達人告訴你究竟什麼是英倫時
尚，又該如何抓住折扣良機！跟他一起乘著地
鐵，在時尚之都尋寶，買精品、吃美食、逛趣
味市集，感受最時髦、最浪漫、最典雅的倫
敦！搭乘地鐵，穿梭夢幻倫敦，從時尚精品、
街巷美食到創意小店，精選300家特色好店，
帶你樂遊倫敦Easy購！

太愛玩，
冰島 新手也能
自駕遊冰島，
超省錢的旅行攻略

作　者	Gavin	總 代 理	三友圖書有限公司
編　輯	吳雅芳、黃匀薔、陳思巧	地　址	106台北市安和路2段213號4樓
校　對	黃匀薔、Gavin	電　話	(02) 2377-4155
封面設計	劉錦堂	傳　真	(02) 2377-4355
美術設計	劉庭安、吳靖玟	E-mail	service@sanyau.com.tw
		郵政劃撥	05844889 三友圖書有限公司
發 行 人	程顯灝		
總 編 輯	呂增娣	總 經 銷	大和書報圖書股份有限公司
主　編	徐詩淵	地　址	新北市新莊區五工五路2號
編　輯	鍾宜芳、吳雅芳、黃匀薔	電　話	(02) 8990-2588
美術主編	劉錦堂	傳　真	(02) 2299-7900
美術編輯	吳靖玟、劉庭安		
行銷總監	呂增慧	製版印刷	卡樂彩色製版印刷有限公司
資深行銷	謝儀方、吳孟蓉		
		初　版	2019年08月
發 行 部	侯莉莉	定　價	新臺幣350元
財 務 部	許麗娟、陳美齡	I S B N	978-957-8587-86-1（平裝）
印　務	許丁財		
出 版 者	四塊玉文創有限公司		

http://www.ju-zi.com.tw
三友圖書
友直 友諒 友多聞

國家圖書館出版品預行編目(CIP)資料

太愛玩，冰島：新手也能自駕遊冰島，超省錢
的旅行攻略 / Gavin作. -- 初版. -- 臺北市：四
塊玉文創, 2019.08
　面；　公分
ISBN 978-957-8587-86-1(平裝)

1.汽車旅行 2.冰島
747.79　　　　　　　　　　108012118

親愛的讀者：

感謝您購買《太愛玩，冰島：新手也能自駕遊冰島，超省錢的旅行攻略》一書，為感謝您對本書的支持與愛護，只要填妥本回函，並寄回本社，即可成為三友圖書會員，將定期提供新書資訊及各種優惠給您。

姓名 _____ 出生年月日 _____

電話 _____ E-mail _____

通訊地址 _____

臉書帳號 _____

部落格名稱 _____

1 年齡
□18歲以下 □19歲～25歲 □26歲～35歲 □36歲～45歲 □46歲～55歲
□56歲～65歲 □66歲～75歲 □76歲～85歲 □86歲以上

2 職業
□軍公教 □工 □商 □自由業 □服務業 □農林漁牧業 □家管 □學生
□其他 _____

3 您從何處購得本書？
□博客來 □金石堂網書 □讀冊 □誠品網書 □其他 _____
□實體書店 _____

4 您從何處得知本書？
□博客來 □金石堂網書 □讀冊 □誠品網書 □其他 _____
□實體書店 _____ □FB（四塊玉文創／橘子文化／食為天文創 三友圖書——微胖男女編輯社）
□好好刊（雙月刊） □朋友推薦 □廣播媒體

5 您購買本書的因素有哪些？（可複選）
□作者 □內容 □圖片 □版面編排 □其他 _____

6 您覺得本書的封面設計如何？
□非常滿意 □滿意 □普通 □很差 □其他 _____

7 非常感謝您購買此書，您還對哪些主題有興趣？（可複選）
□中西食譜 □點心烘焙 □飲品類 □旅遊 □養生保健 □瘦身美妝 □手作 □寵物
□商業理財 □心靈療癒 □小說 □其他 _____

8 您每個月的購書預算為多少金額？
□1,000元以下 □1,001～2,000元 □2,001～3,000元 □3,001～4,000元
□4,001～5,000元 □5,001元以上

9 若出版的書籍搭配贈品活動，您比較喜歡哪一類型的贈品？（可選2種）
□食品調味類 □鍋具類 □家電用品類 □書籍類 □生活用品類 □DIY手作類
□交通票券類 □展演活動票券類 □其他 _____

10 您認為本書尚需改進之處？以及對我們的意見？
_____

感謝您的填寫，

您寶貴的建議是我們進步的動力！